O'zbek tilida o'rganiladigan koreys tili

<u>koreys tili</u>

우즈베크어로 배우는
한국어

O'zbek tilida o'rganiladigan koreys tili

우즈베크어로 배우는 한국어

초판 1쇄 인쇄 2023년 6월 15일
초판 1쇄 발행 2023년 6월 30일

지은이 김춘식 · G.미르탈리포바 유누소바
펴낸이 서덕일
펴낸곳 도서출판 문예림

기획 서민우   **편집진행 및 교정** 조소영   **본문 및 표지 디자인** 문인주   **제작대행** 올인피앤비

출판등록 1962년 7월 12일(제1962-1호)
주소 경기도 파주시 회동길 366 3층(10881)
전화 (02) 499-1281~2   **팩스** (02) 499-1283
전자우편 info@moonyelim.com
홈페이지 www.moonyelim.com

ISBN 978-89-7482-931-5 (13710)
값 20,000원

세계 언어와 문화, **문예림**
언어평등 〈모든 언어는 평등하다〉 디지털과 아날로그 아우르는 어학 콘텐츠
오르비타 〈위대한 작은 첫걸음〉 성인 어학 입문, 파닉스(영유아, 어린이 어학교재)
심포지아 〈세상에 대한 담론과 향연〉 나라와 도시 여행, 역사, 문화 등
파쿨라   〈지성을 밝히는 횃불〉 어문학, 언어학 학술도서

O'zbek tilida o'rganiladigan koreys tili

우즈베크어로 배우는 한국어

moonyelim

So'z boshi

O'zbekiston Respublikasida ta'limga bo'lgan e'tiborga kun sayin ortib bormoqda. Yangi O'zbekistonda ta'lim sohasidagi o'zgarishlar maktabgacha ta'lim, maktab, lisey va texnikumlar, oliy ta'lim va undan keyingi ta'limning barcha turini qamrab olinayotganligi hech kimga sir emas. Ayniqsa, horijiy tillarni o'rganish davrning dolzarb masalalaridan biri bo'lib kelmoqda. Xususan, koreys tili aynan shunday tillar qatoriga kiradi.

O'zbekiston Respublikasi bilan Koreya Respublikasi o'rtasida o'rnatilgan diplomatik aloqalariga bu yil 30 yil to'ldi. Hozirgi kunga kelib ikki mamlakatning diplomatik aloqalari barcha sohalarda o'z aksini topib kelmoqda. Bugunda maktab yoki oliy o'quv yurtlaridagina emas, har yili 100 mingdan ortiq o'zbek yoshlari Koreyaning o'rta va kichik korxonalarida o'z mutaxassisliklari bo'yicha sanoat sohalarini yanada mukammal egalashlari uchun koreys tilini yaxshi bilishlari talab qilinmoqda. Aynan shunday bir paytda davr talabiga javob beradigan bir qancha darsliklar, o'quv qo'llanmalar, lug'atlar nashrdan chiqarilmoqda. Hozir siz ko'rib turgan mazkur kitob ham koreys va o'zbek tillari bo'yicha tadqiqot olib borayotgan o'quvchilar, talabalar va o'qituvchilar, shuningdek, diplomatlar, ishbilarmonlar va Koreyaning o'rta va maxsus korxonalarida ishlamoqchi bo'lgan tadqiqotchi yoshlar uchun koreys tilini yanada chuqurroq o'rganishlarida yordam beradi. Mazkur kitobning o'ziga xos tomonlari quyidagilardan iborat: 1. Koreys tilini o'rganayotgan yoshlar uchun mo'ljallangan, unda fonetika, morfologiya, sintaksisning o'ziga xos xuxusiyatlari yoritildi. 2. Umumiy til terminlarini qisqartirib, soddalashtirib keng tarqalgan shaklda berildi. 3. O'zbek tiliga tarjima qilinib, tilshunoslikda qo'llanila boshlangan lotin yozuvida berildi. 4. Har bir grammatik qoidaga misollar yordamida izoh berildi.

Ushbu kitob orqali siz koreys tilini yanada chuqurroq o'rgana olasiz degan umiddamiz.

KIM CHUN SIG, Yunusova Gulshoda Dilshadovna

머리말

우즈베키스탄 민주공화국에서는 국가 정책과 국민들의 교육 전반에 대한 관심이 날로 높아지고 있습니다. 이에 우즈베키스탄 교육 정책에서 전 분야에 걸쳐 새로운 변화가 일어나 모든 유형의 교육에서 즉, 취학 전 교육을 비롯하여 일반 학교, 학원 및 기술 학교, 고등 교육 및 추가 교육을 시행한다는 것이 일반화되고 있습니다. 특히 외국어 학습은 시대의 시급한 문제 중 하나입니다. 특히, 한국어는 그러한 언어 중 하나입니다. 올해는 우즈베키스탄과 대한민국이 수교한 지 30년이 되는 해입니다. 지금까지 양국의 외교관계는 정치, 경제, 문화 등등 모든 분야에 반영되어 왔습니다. 오늘날 학교 및 대학뿐만 아니라 한국의 대기업, 중소기업에서 매년 10만 명이 넘는 우즈베키스탄 청년들이 자신의 전문 산업 분야를 마스터하기 위해서 한국어를 잘 알아야 합니다. 지금까지 시대적 요구에 부합하는 수많은 교과서와 학습지침서, 사전 등이 발간되는 것이 그것을 증명해주는 것입니다. 독자 여러분이 보시는 이 책은 한국어와 우즈베크어를 연구하는 학생, 교사는 물론, 다른 분야에서도 한국어와 관련 있는 중견기업과 특수기업에서 일하고 싶은 외교관, 기업인, 젊은 연구자들을 위한 책이기도 합니다.

본서는 한국어를 더 깊게 더 많이 배울 수 있도록 배려한 책입니다.

이 책의 구체적인 내용은 다음과 같습니다.

1. 한국어를 배우는 학생을 대상으로 하며, 음성학, 형태론, 구문론의 고유한 특징을 부각시켰습니다.
2. 공통 언어 용어를 공통 형식으로 축약 및 단순화했습니다.
3. 우즈베크어로 번역되어 라틴어 문자로 주어져 언어학에서 사용되기 시작했습니다.
4. 각 문법 규칙은 예문을 통해 설명되었습니다.

이 책을 통해 한국어를 더 깊이 배울 수 있기를 바라며 우리 한국어 연구팀은 계속하여 더욱 좋은 교재를 위하여 노력할 것입니다.

김춘식, 유누소바 굴쇼다

Mundarija(목차)

I Fonetika
| 음운론 |

II Morfologiya
| 형태론 |

Mundarija(목차)

Mundarija(목차)

III Sintaksis
| 통사론 |

I

Fonetika
| 음운론 |

01
B O B

Fonetika (음운론)

Koreys tili alifbosining hozirgi shakli "Hangil" deb atalib XV asrda Buyuk Qirol Sejong va bir guruh tilshunos olimlar bilan birga ishlab chiqilgan. Rivoyat qilishlaricha, qirol Sejong hukmronlik qilgan vaqtida murakkab xitoy ierogliflarni o'qishni bilmagan oddiy xalqqa achinib barcha omma uchun o'rganish oson, yozishda qulay bo'lgan harflarni yaratdi.

Hangil dastlab yaratilgan vaqtda undoshlar 17 ta, unlilar 11 ta bo'lgan bo'lsa, hozirda undoshlar 14 ta, unlilar 10 tani tashkil qiladi.

1 Undoshlar (자음)

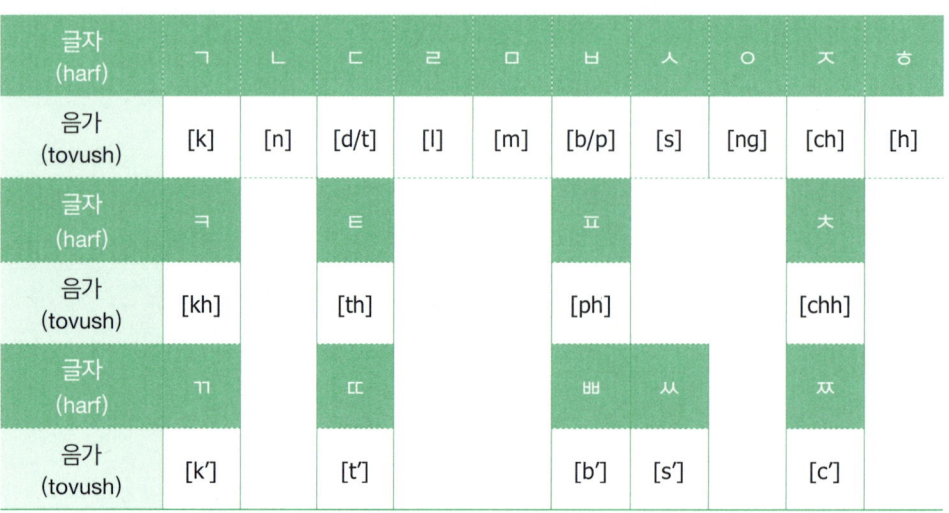

글자 (harf)	ㄱ	ㄴ	ㄷ	ㄹ	ㅁ	ㅂ	ㅅ	ㅇ	ㅈ	ㅎ
음가 (tovush)	[k]	[n]	[d/t]	[l]	[m]	[b/p]	[s]	[ng]	[ch]	[h]
글자 (harf)	ㅋ		ㅌ			ㅍ			ㅊ	
음가 (tovush)	[kh]		[th]			[ph]			[chh]	
글자 (harf)	ㄲ		ㄸ			ㅃ	ㅆ		ㅉ	
음가 (tovush)	[k']		[t']			[b']	[s']		[c']	

(1 jadval)

글자 (harf)	ㅏ	ㅓ	ㅗ	ㅜ	ㅡ	ㅣ	ㅔ	ㅐ	ㅚ	ㅟ
음가 (tovush)	[a]	[ə]	[o]	[u]	[ɨ]	[i]	[e]	[æ]	[ö/we]	[ü/wi]
글자 (harf)	ㅑ	ㅕ	ㅛ	ㅠ			ㅖ	ㅒ		
음가 (tovush)	[ja]	[jə]	[jo]	[ju]			[je]	[jæ]		
글자 (harf)	ㅘ	ㅝ			ㅢ		ㅞ	ㅙ		
음가 (tovush)	[wa]	[wə]			[ɨi]		[we]	[wæ]		

(2 jadval)

1) Koreys tilidagi undosh tovushlarni talaffuz qilganda og'iz harakati (ochilib-yopilishi)ga, unli tovushlar esa hosil bo'lish o'rniga ko'ra farqlanadi. Hangil shu qoidaga asosan nafaqat nutq tovushlari balki tabiatda uchraydigan tovushlarni yozish imkonini beradi. Hangil dunyodagi barcha harflar tizimi ichida eng mukammali hisoblanadi.

2) Koreys tilida unlilar fonema nuqtai nazaridan monoftong va diftonglardan katta o'zgarishga uchramaydi. Unlilar faqat tilning oldi-orqa o'rniga bo'linadi. Unli tovushlar qanchalik cho'ziq talaffuz etilishi, lab yoki til harakatlari yuqori-pasti, og'izning ochilish darajasi, lablarning ochilib yopilishiga ko'ra o'zaro farqlanadi.

Bu unlilar: ㅏ, ㅐ, ㅓ, ㅔ, ㅗ, ㅚ, ㅜ, ㅟ, ㅡ, ㅣ 10 tadir. Diftonglarni talaffuz qilinganda tovush o'zgarib birinchi va oxirgi tovushlar farqli talaffuz etiladi: ㅑ, ㅒ, ㅕ, ㅖ, ㅘ, ㅙ, ㅛ, ㅝ, ㅞ, ㅠ, ㅢ.

Undosh tovushlarni talaffuz qilish o'rni va tovush hosil qilish usuli alohida bo'lgani uchun quyidagicha ifodalandi.

혀 위치 (til o'rni)	전설모음 (til oldi)		중설모음 (til o'rta)		후설모음 (til orqa)	
입술 모양 (lab holati)	평순 (lablashmagan)	원순 (lablashgan)	평순 (lablashmagan)	원순 (lablashgan)	평순 (lablashmagan)	원순 (lablashgan)
혀 높이 (til ko'tarilishi) — 고모음	ㅣ	ㅟ	ㅡ			ㅜ
중모음	ㅔ	ㅚ	ㅓ			ㅗ
저모음	ㅐ		ㅏ			

3 jadval

조음 위치 (hosil bo'lish o'rni) / 조음 방법 (ovoz va shovqinning ishtirokiga ko'ra)		양 입술 (lab-lab)	윗잇몸 (yuqori milk) 혀끝 (til oldi)	경구개 (qattiq tanglay) 혓바닥 (til o'rta)	연구개 (yumshoq tanglay) 혀 뒤 (til orqa)	목청 사이 (bo'g'iz tovushi)
파열음 (portlovchilar)	예사소리 (oddiy tovush)	ㅂ	ㄷ		ㄱ	
	된소리 (juft tovush)	ㅃ	ㄸ		ㄲ	
	거센소리 (qorishiq tovush)	ㅍ	ㅌ		ㅋ	
파찰음 (qorishiqlar)	예사소리 (oddiy tovush)			ㅈ		
	된소리 (juft tovush)			ㅉ		
	거센소리 (qorishiq tovush)			ㅊ		
마찰음 (sirg'aluvchilar)	예사소리 (oddiy tovush)		ㅅ			ㅎ
	된소리 (juft tovush)		ㅆ			
비음 (sonor burun tovushlari)		ㅁ	ㄴ		ㅇ	
혀 옆 소리 (yon tovushlar)			ㄹ-[l]			
유음 (titroq tovushlar)			ㄹ-[r]			

4 jadval

※ ㄹ [l] tovushining alohida yozma shakli yoʻq. Bu tovush koʻpincha ㄹ [l] deb oʻqiladi.

Koreys tili undoshlari bir necha turga boʻlinadi.

oddiy undoshlar	ㄱ	ㄷ	ㅂ	ㅅ	ㅈ
"H" lashgan undoshlar	ㅋ	ㅌ	ㅍ		ㅊ
qattiq undoshlar	ㄲ	ㄸ	ㅃ	ㅆ	ㅉ

(5 jadval)

Koreys tilidagi ㅊ, ㅋ, ㅌ, ㅍ, ㅎ undoshlari talaffuz qilinganda ㅈ, ㄱ, ㄷ, ㅂ undoshlaridan farqli oʻlaroq ogʻizdan kuchli un (havo) bilan chiqadi. Barcha undoshlar boʻgʻin oxirida kelishi mumkin, lekin soʻnggi tovushlardan ㄱ, ㄴ, ㄷ, ㄹ, ㅁ, ㅂ, ㅇ 7 tagina undosh talaffuz qilinib, qolgan barchasi mana shu 7 undosh orasidan bittasining tovushi bilan almashadi.

대표 자음 (asosiy undoshlar)	음절 끝에 오는 자음 (boʻgʻin oxirida keladigan undoshlar)	소리 (tovush)	예 (misollar)
ㄱ	ㄱ, ㄲ, ㅋ	[k]	칵, 닭다, 부엌
ㄴ	ㄴ	[n]	눈, 문
ㄷ	ㄷ, ㅅ, ㅈ, ㅊ, ㅌ, ㅎ	[t]	낟, 낫, 낮, 낯, 낱, 낳
ㄹ	ㄹ	[l]	쌀, 팔
ㅁ	ㅁ	[m]	몸, 봄
ㅂ	ㅂ, ㅍ	[p]	입, 잎
ㅇ	ㅇ	[ŋ]	영

(6 jadval)

3 Undoshlar talaffuzi (음절)

Birinchi holatda boʻgʻin oxirida 겹받침 (qoʻsh undosh) boʻlsa-da, talaffuz qilinadigan undosh 1)-si boʻladi.

Ikkinchi holatda qoʻsh undoshning 2)-si talaffuz etiladi. Shuningdek, ikkala undosh ham oʻqiladigan holat bor:

1) **1-undosh talaffuz qilinadigan holat: ㄳ, ㅀ, ㅈ, ㄼ, ㄾ, ㅄ**

삯 ish haqi   많다 koʻp   앉다 oʻtirmoq   여덟 sakkiz   핥다 yalamoq   값 narx

2) **2-undosh talaffuz qilinadigan holat: ㄺ, ㄻ, ㄿ**

닭 tovuq   삶다 qaynatmoq   읊다 sheʼr oʻqimoq

3) **Ikkala undosh ham talaffuz oʻqiladigan holat: ㄼ, ㄺ**

밟다 oyoq bosmoq   넓다 keng   읽다 oʻqimoq   맑다 yorug

4 Soʻz tarkibidagi fonetik oʻzgarishlar (음운 변화)

Soʻz tarkibida yuz beradigan fonetik oʻzgarishlarga assimilyatsiya, dissimilyatsiya, tovuish oʻzgarishi, tovush qoʻshilishi va tovush tushirib qolishi kabilar kiradi.

Koreys tili fonetikasida assimilyatsiya (artikulyatsiya jihatidan soʻz tarkibidagi tovushlarning oʻzaro bir-biriga taʼsiri asosida vujudga keladigan oʻxshashlik)ning toʻliq va toʻliqsiz turi uchraydi. Bir-biriga aynan oʻxshash assimilyatsiya: 앞[압], 부엌[부억], 옆[엽]

1) Regressiv assimilyatsiya: 종로[종노], 정류장[정뉴장] burun (sonor) tovushlarning oʻzaro taʼsiri.

18

2) Dissimilyatsiya (lot: dissimilatio- "noo'xshashlik") tovushlarning o'zaro ta'siri ostida vujudga keladigan noo'xshashlikdir.

① ㄴ [n] burun undoshi ㄹ [l] tovushidan oldin yoki keyin kelganda L deb talaffuz etiladi.

단련[달련] chidam, matonat, 설날[설랄] yangi yil, 연락[열락] aloqa

② ㄹ [r-l] undoshi ㅁ [m] harfidan keyin kelsa ㄴ [n] deb o'qiladi.

늠름한데[늠늠한데] munosib, ammo..., 감리교[감니교] uslubiyat, 담론[담논] baxs

→ Bular uchun umumiy xususiyat ularning burun tovushlari ekanligidir.

3) Koreys tilida tovushning tushib qolish hodisasining sinkopa (so'z o'rtasida tovushning tushib qolishi) va anokopa (so'z oxirida tovushning tushib qolishi) turi uchraydi.

① Ba'zi undosh tovushlar o'zaro qo'shilganda yoki ketma-ket kelganida bittasi tushib qoladi. Buning qat'iy bir qoidasi yo'q. 끝자리[끋짜리] so'nggi joy, 끝도[끋또] nihoya

→ ㅆ qo'sh undosh tovushi jarangsiz tovushlar oldida kelganda doim tushib qoladi. 밟았죠[발받쪼] bosib oldi-ku!, 했잖아요[핻짜나요] bajardi-ku!
→ Ba'zi tovush tushishining qat'iy qoidalari bo'ladi unli harfdan oldin 받침 (so'nggi bo'g'in)da kelgan ㅎ o'qilmaydi. 좋아요[조아요] yaxshi, 많아요[마나요] ko'p

② Yuqorida ankopa to'g'risida fikr yuritgan edik. Koreys tilida ankopaga xos bo'lgan sof tovush tushishi yo'q, biroq shunga yaqin bo'lgan hodisa bor. Bu gapdagi kesim o'zagiga qo'shilib kelgan shakl yasovchi qo'shimchalarning kategoriyal shakli (-아요/어요) tushirilib qoldirilsa, darak gap (평서문) ning norasmiy qisqa hurmat shakli (비격식체) - (낮춤말) ga aylanadi.

나 지금 회사에 간다.

Men hozir firmaga boraman.

Qo'sh undosh tovush talaffuzi yoki tovush orttirilishi hodisasi

Koreys tilida asosan tovush orttirish hodisasining epenteza turi ko'p uchraydi. Koreys tilida qo'sh undoshlar 2 xil bo'ladi: sof qo'sh undoshlar, talaffuzdagi qo'sh undoshlar. So'z boshida keladigan 까치, 깎다, 땀, 빨리, 싸다, 짜다 kabilar protezaga misol bo'la olmaydi, ular sof qo'sh undoshlar hisoblanadi. Ikki jarangsiz undoshi uchrashganda keyin keladigan ㄱ, ㄷ, ㅂ, ㅅ, ㅈ jarangsiz tovushlari qo'sh undosh tovush tarzida talaffuz qilinadi.

5. Qo'sh undosh tovushlarning o'qilishi (받침의 발음)

Bo'g'in osti ㄱ(ㄲ, ㅋ, ㄳ, ㄺ), ㄷ(ㅅ, ㅆ, ㅈ, ㅊ, ㅌ), ㅂ(ㅍ, ㄼ, ㄿ, ㅄ) dan keyin ㄱ, ㄷ, ㅂ, ㅅ, ㅈ keladigan bo'lsa, qo'sh undosh tarzida talaffuz etiladi:

국밥[국빱], 깎다[깍따], 넋받이[넉빠지], 닭장[닥짱], 칡범[칙뻠], 꽃다발[꼳따발]

1. Qo'shma otlar yasalganda

약국[약꾹] dorixona, 찻집[찯찝/차찝] choyxona, 세뱃돈[세뱃똔/세배똔] mayda pul

2. O'zak qo'shimcha bog'lovchi orasida

O'zak bo'g'in osti 'ㄴ(ㄵ), ㅁ(ㄻ)' undoshidan keyin qo'shiladigan qo'shimchaning birinchi tovushi, ㄱ, ㄷ, ㅅ, ㅈ qo'sh undosh tarzida talaffuz qilinadi.

신고[신ː꼬], 껴안다[껴안따], 앉고[안꼬], 더듬지[더듬찌], 먹고[먹꼬]
나는 밥을 먹고 학교에 갔다.
거리를 걸었다[거런따].

3 Teng bog'lovchilar orasida

나는 집과[집꽈] 차를 사고 싶습니다.

나는 밥과[밥꽈] 국을 먹습니다.

> **Faqat** (majhul nisbat) va (orttirma nisbat) larning '기' qo'shimchasi qo'sh undosh tarzida talaffuz qilinmaydi: 안기다, 감기다, 굶기다, 옮기다

4 ‑(—)ㄹ qo'shimchasini olgan sifatlovchi so'zlardan keyin 'ㄱ, ㄷ, ㅂ, ㅅ, ㅈ' undoshlari bilan boshlanadigan so'zlar qo'sh undosh tarzida o'qiladi.

할 것을[할 꺼슬], 갈 데가[갈 떼가], 할 바를[할 빠를], 갈 곳[갈 꼳], 할 수는[할 쑤는]

> **Faqat** so'zning qisqartirilgan shakli odatdagi undosh tarzida o'qiladi.

[붙임] '‑(으)ㄹ' bilan boshlanadigan qo'shimchalardan keyin ham qo'sh undosh bo'lib o'qiladi.

할 걸[할 껄], 할밖에[할빠께], 할세라[할쎄라], 할수록[할쑤록]

6 Tovush o'zgarishi (두음법칙)

5 Tovush o'zgarishining uch turi mavjud.

1-1) Burun tovushlarining o'zgarishi.

① Bo'g'in osti ㄱ(ㄲ, ㅋ, ㄳ, ㄺ), ㄷ(ㅅ, ㅆ, ㅈ, ㅊ, ㅌ, ㅎ), ㅂ(ㅍ, ㄼ, ㄿ, ㅄ) jarangsiz undoshlarning burun tovushlari ㄴ [n], ㄹ [r-l], ㅁ [m] oldidan [ㅇ, ㄴ, ㅁ] tarzida o'qiladi:

먹는[멍는], 독립[동닙] mustaqillik, 깎는[깡는],
닦는다[당는다] tozalamoq, 키읔만[키응만],
부엌문[부엉문] oshxona eshigi, 몫몫이[몽목씨],
긁는[긍는], 닫는[단는], 짓는[진는], 있는[인는],
맞는[만는], 꽃망울[꼰망울], 붙는[분는], 놓는[논는],
잡는[잠는], 밥물[밤물], 앞마당[암마당], 밟는[밤는],
읊는[음는], 없는[엄ː는]

② ㅂ va ㅍ undoshlari ㄹ [r] va ㅁ [m] tovushlari oldidan ㅁ [m] deb talaffuz qilinadi:

법령[범녕], 앞문[암문] old eshik

→ Bu tovush o'zgarishida burun tovushi ㄹ ham ㄴ [n] ham o'zgarishi mumkin.

③ ㄷ/ㅌ/ㅈ/ㅊ/ㅅ/ㅆ undoshlari burun tovush oldidan -ㄴ [n] deb o'qiladi. Yuqoridagi undoshlar o'zaro to'qnashsa yo tushib qoladi yoki ㄷ deb talaffuz etiladi.

맏누이[만누이] opa, 밭머리[반머리], 젖먹이[전머기] emizikli bola, 꽃망울[꼰망울] gul g'uncha

→ Shuningdek ㅅ undoshi 이 unlisi oldidan ham ㄴ deb talaffuz qilinadi.
예삿일[예산닐] oldingi ish, 훗일[훈닐] keyingi ish

붙임 Ikkita so'z alohida yozilsa-da, bitta so'z bo'lib talaffuz qilinadi:
책 넣는다[챙 넌는다], 옷 맞추다[온 맏추다], 밥 먹는다[밤 멍는다]

1-2) Bo'g'in osti ㄱ, ㅁ, ㅇ, ㅂ dan keyin keladigan ㄹ undoshi [ㄴ] deb o'qiladi:
담력[담ː녁], 침략[침냑], 강릉[강능], 막론[막논→망논], 백리[백니→뱅니], 협력[협녁→혐녁]

1-3) ㄴ undoshi ㄹ dan oldin yo keyin kelganda [ㄹ] deb talaffuz qilinadi:
난로[날ː로], 신라[실라], 천리[철리], 광한루[광ː할루], 칼날[칼랄], 물난리[물랄리], 할는지[할른지]

붙임 1-tovush 'ㄴ' ㅀ va ㄾ dan keyin kelgan holatda ham ㄹ deb o'qiladi:
닳는[달른], 뚫는[뚤른], 핥네[할레]

Faqat quyidagiga o'xshash so'zlarda ㄹ undoshi [ㄴ] deb talaffuz qilinadi:
의견란[의ː견난], 임진란[임진난], 생산량[생산냥], 상견례[상견녜], 횡단로[횡단노], 이원론[이ː원논], 입원료[이붠뇨], 구근류[구근뉴]

2) Quyidagi tovushlar 랴, 려, 례, 료, 류, 리 so'z boshida kelganda ikki tovush
qoidasi (두음법칙) ga ko'ra 야, 여, 예, 요, 유, 이 deb yoziladi:

ㄱ	ㄴ	ㄱ	ㄴ
양심	량심	용궁	룡궁
역사	력사	유행	류행
예의	례의	이발	리발

Faqat quyidagiga o'xshash otlar aslicha yoziladi:
- 리(俚): 몇 리냐?
- 리(理): 그럴 리가 없다.

[붙임] So'zlarning boshida kelmaganda aslicha yoziladi.

개량, 선량, 수력, 협력, 사례, 혼례, 와룡, 쌍룡, 하류, 급류, 도리, 진리

Faqat unli yoki padchim ㄴ [n] dan keyin '렬, 률,' 열 va 율 deb o'qiladi:

ㄱ	ㄴ	ㄱ	ㄴ
나열	나렬	분열	분렬
치열	치렬	선열	선렬
비열	비렬	진열	진렬

Quyidagi tovushlar 라, 래, 로, 뢰, 루, 르 so'zning boshida kelganda ikki
tovush qoidasi (두음법칙) ga ko'ra 나, 내, 노, 뇌, 누, 느 deb yoziladi: (ㄱ to'g'ri,
ㄴ noto'g'ri)

ㄱ	ㄴ	ㄱ	ㄴ
낙원	락원	뇌성	뢰성
내일	래일	누각	루각
노인	로인	능묘	릉묘

[붙임1] So'zning boshida kelmagan holatda aslicha yoziladi:

쾌락   극락   거래   왕래
부로   연로   지뢰   낙뢰
고루   광한루   동구릉   가정란

[붙임2] Old qo'shimcha kabi yoziladigan ieroglif qo'shilib, yasalgan so'zning
keyingi so'zi (두음법칙) ga ko'ra alohida yoziladi:

내내월   상노인   중노동   비논리적

3) O'zak oxiridagi ㄷ undoshi ㄹ ga o'zgaradi

걷다	걸어	걸으니	걸었다
듣다	들어	들으니	들었다

4) O'zak oxiridagi ㅂ harfining 우 harfiga almashishi

깁	기워	기우니	기웠다
굽다	구워	구우니	구웠다

Faqat '돕-', '곱-' ga o'xshash bir bo'g'inli o'zaklarga -아 qo'shimchasi qo'shilganda -와 ga aylanadi va shunday yoziladi.

돕다	도와	도와서	도와도	도왔다
곱다	고와	고와서	고와도	고왔다

5) 하다 ga -아 tuslovchi qo'shimchasi qo'shilganda -아 ning -여 ga aylanadi.

하다	하여	하여서	하여도	하여라	하였다

7 Yumshalish yoki yumshatilish (구개음화)

Yumshatilish deganda tilning o'rta qismi yuqori tanglayga ko'tarilishi natijasida undosh tovushlarning yumshoq talaffuz etilishi tushuniladi. Bo'g'in osti 'ㄷ, ㅌ, (ㄾ)' kelishik yoki 'ㅣ' unli qo'shimcha bilan qo'shilganda (ㅈ, ㅊ) ga almashib, keyingi bo'g'inga qo'shib o'qiladi.

1) ㄷ undoshi 이 unlisi oldidan kelganda ㅈ deb o'qiladi.

해돋이[해도지], 곧이듣는다[고지든따], 굳이[구지], 미닫이[미다지], 땀받이[땀바지]

2) ㅌ undoshi 이 va ba'zan 여 unlisidan oldin kelganda ㅊ deb talaffuz qilinadi.

같이[가치], 밭이[바치], 벼훑이[벼훌치]

 ㄷ keyingi qo'shimcha 히 ga qo'shilib 티 bo'lgach ㅊ deb o'qiladi.

굳히다[구치다], 닫히다[다치다], 묻히다[무치다]

3) ㄱ, ㄷ, ㅂ, ㅈ undoshlari so'zda ㅎ undoshidan oldin yoki keyin kelganda ㅋ, ㅌ, ㅍ, ㅊ tarzida o'qiladi.

않거든요[안커든뇨], 좋다[조타], 백화점[배콰점]

Koreys tili orfoepiyasidagi me'yoriy talaffuz qoidasi

Unli tovushlar o'zgarishi:

"ㅑ, ㅒ, ㅕ, ㅖ, ㅘ, ㅙ, ㅛ, ㅝ, ㅞ, ㅠ, ㅢ" lar qo'sh unli tarzida talaffuz qilinadi.

Faqat 1 Turlanuvchi va tuslanuvchi so'zlar turida ko'rinadigan 져, 쪄, 쳐[저, 쩌, 처] deb aytiladi.
가지어 → 가져[가저], 찌어 → 쪄[쩌], 다치어 → 다쳐[다처]

Faqat 2 Bir va ikki bo'g'inli so'zlarda 례[예] deb o'qiladi. 2 bo'g'indan ortiq so'zlar 례 deb talaffuz qilinishi qoida. 예, 례 dan tashqari ㅖ tovushi [ㅔ] deb talaffuz qilinadi.
계집[계:집/게:집], 혜택[혜택/헤택], 시계[시계/시게], 계시다[계시다/게시다], 연계[연계/연게]

Faqat 3 1- tovushi undosh bo'lib, undan keyin kelgan -의[ㅣ] deb talaffuz qilinadi.
닝큼, 무늬, 띄어쓰기, 씌어, 틔어, 희어, 희떱다, 희망, 유희

Faqat 4 So'zning 1-bo'g'inidan tashqari kelgan -의[ㅣ] va kelishikdagi 의[ㅔ] talaffuzi ham qo'llaniladi.
주의[주의/주이], 협의[혀비/혀비], 우리의[우리의/우리에], 강의의[강:의의/강:이에]

8 | Qo'shilib kelgan tovushlar (겹쳐 나는 소리)

Bir so'z ichida bir xil bo'g'in yoki o'xshash bo'g'in (겹쳐 나는 소리), qismlari o'xshash harflar bilan yoziladi:

ㄱ	ㄴ	ㄱ	ㄴ
딱딱	딱닥	꼿꼿하다	꼿곳하다
쌕쌕	쌕색	놀놀하다	놀롤하다
씩씩	씩식	밋밋하다	밋밋하다

1) Undoshlar choʻziqligi talaffuzda bir-biridan farq qilinadi. Soʻzning birinchi boʻgʻinidagina choʻziq boʻladi.

① 눈보라[눈:보라], 말씨[말:씨], 밤나무[밤:나무], 많다[만:타], 멀리[멀:리], 벌리다[벌:리다]

② 첫눈[천눈], 참말[참말], 쌍동밤[쌍동밤], 수많이[수:마니]

> **Faqat** Qoʻshma soʻz holatida ikkinchi boʻgʻin va undan keyingi boʻgʻinlar ham aniq va choʻziq talaffuz qilinadi:
> 반신반의[반:신바:늬/반:신바:니], 재삼재사[재:삼재:사]

[붙임] (qoʻshimcha) Turlanuvchi soʻzning bir boʻgʻinli oʻzakka –아/어 qoʻshimchasi qoʻshilib, bir boʻgʻinli qisqargan shakli ham choʻziq tovush bilan talaffuz etiladi.

보아 → 봐[봐:], 기어 → 겨[겨:], 되어 → 돼[돼:], 두어 → 둬[둬:]

> **Faqat** 오아 → 와, 지어 → 져, 찌어 → 쪄, 치어 → 쳐 kabilar choʻziq talaffuz qilinmaydi.

2) Choʻziq tovushli boʻgʻinda, quyidagi holatda qisqa talaffuz qilinadi. Bir boʻgʻinli turlanuvchi soʻz oʻzagi unli bilan boshlanadigan qoʻshimchalar qoʻshilgan holatda:

감다[감:따] – 감으니[가므니], 밟다[밥:다] – 밟으면[발브면],

신다[신:따] – 신어[시너], 알다[알:다] – 알아[아라]

> **Faqat** quyidagiga oʻxshash holatda istisno boʻladi:
> 끌다[끌:다] - 끌어[끄:러], 떫다[떨:따] - 떫은[떨:븐], 벌다[벌:다] - 벌어[버:러]

26

10 Tuslanuvchi soʻz oʻzagiga majhul va oʻzlik nisbati qoʻshimchasi qoʻshilgan holatda (받침의 발음)

감다[감ː따] – 감기다[감기다]

꼬다[꼬ː다] – 꼬이다[꼬이다]

밟다[밥ː따] – 밟히다[발피다]

> **Faqat** quyidagi holatda istisno boʻladi:
> 끌리다[끌ː리다], 벌리다[벌ː리다], 없애다[업ː쌔다]

Quyidagiga oʻxshash qoʻshma soʻzdan asl choʻziqligidan qatʻiy nazar qisqa talaffuz qilinadi: 밀–물, 썰–물, 쏜–살–같이, 작은–아버지

1) Koreys tili boʻgʻin osti undoshlari (**받침**) ㅋ[ㄱ], ㅅ, ㅈ, ㅊ, ㅌ[ㄷ], ㅍ[ㅂ] maxsus tovushlari mavjud boʻlib, bular unli harflar oldidan ㄱ, ㄷ, ㅂ deb talaffuz etiladi.

[ㄱ]	키읔 앞[키으 갑]
[ㄷ]	맛없다[마덥따], 젖어미[저더미], 꽃 위[꼬 뒤], 겉옷[거돋]
[ㅂ]	늪 앞[느 밥]

2) Koreys tili alifbosining undosh harflarining nomi:

'ㄷ, ㅈ, ㅊ, ㅋ, ㅌ, ㅍ, ㅎ' lar maxsus talaffuzga ega:

ㄷ	디귿이[디그시]	디귿을[디그슬]	디귿에[디그세]
ㅈ	지읒이[지으시]	지읒을[지으슬]	지읒에[지으세]
ㅊ	치읓이[치으시]	치읓을[치으슬]	치읓에[치으세]
ㅋ	키읔이[키으기]	키읔을[키으클]	키읔에[키으게]
ㅌ	티읕이[티으시]	티읕을[티으슬]	티읕에[티으세]
ㅍ	피읖이[피으비]	피읖을[피으블]	피읖에[피으베]
ㅎ	히읗이[히으시]	히읗을[히으슬]	히읗에[히으세]

3) Koreys tilida ba'zi so'zlarning turli talaffuzi bor, biroq adabiy til me'yoriga hammasi ham qabul qilinmaydi. Chunki bu sheva so'zlar qaysi hududda ishlatilishiga bog'liq. Koreys adabiy tiliga Seul aholisi shevasi asos qilib olingan.

	O	×
감기	[감:기]	[강기]
있고	[읻꼬]	[익꼬]
옷감	[옫깜]	[옥깜]
꽃길	[꼳낄]	[꼭낄]
젖먹이	[전머기]	[점머기]
문법	[문뻡]	[뭄뻡]
꽃밭	[꼳빧]	[꼽빧]

Yuqoridagi qavs ichidagi talaffuz garchi ishlatilsa ham, adabiy til normasida mavjud emas. Ammo ba'zi so'zlarning ikki xil talaffuzi ham adabiy talaffuz me'yori hisoblanadi:

피어[피어/피여], 되어[되어/되여]

Tovush tushishi va qisqarishi

Ushbu holatlar koreys tilidagi noto'g'ri (tuslanuvchi) fe'llarga xosdir. Quyidagiga o'xshash tuslanuvchi so'zlar qo'shimcha qo'shilganda o'zgaradigan holatda, bu o'zak yoki qo'shimcha qoidasiga ko'ra tushib qolsa, tushgan holati yozuvda ifodalanadi.

1 O'zak oxiridagi ㄹ qisqaradigan holatlar

갈다	가니	간	갑니다	가세	가시다	가오
놀다	노니	논	놉니다	노세	노시다	노오
불다	부니	분	붑니다	부세	부시다	부오
둥글다	둥그니	둥근	둥급니다		둥그시다	둥그오

O'zak oxiridagi ㅅ qisqaradi (tushib qoladi)

긋다	그어	그으니	그었다

2 O'zak oxiridagi ㅎ tushib qoladi

그렇다	그러니	그럴	그러면	*그럽니다	그러오
까맣다	까마니	까말	까마면	*까맙니다	까마오

1994 yil 26 dekabrdagi qaror bo'yicha koreys adabiy tilining 17-qoidasiga binoan undoshdan keyingi –습니다 ni adabiy me'yorga ko'ra alohida '그렇습니다, 까맣습니다, 하얗습니다' deb yozilishi kerak.

3 O'zak oxiridagi 우/으 unlisini tushishi

푸다	퍼	펐다
고프다	고파	고팠다
끄다	꺼	껐다
바쁘다	바빠	바빴다

4 O'zakning oxirgi bo'g'ini 르ning '—'si '아' yoki '어' qo'shimchasi oldidan tushib qoladi va bitta ㄹ orttiriladi

나르다	날라요	다르다	달라요	누르다	눌러요

02 BOB Orfoepiya va orfografiya (발음과 정서법)

1 Orfoepiya (발음법)

Orfoepiya (grekcha orthos - "tog'ri", epos - "nutq") tildagi so'z va uning qismlarini adabiy talaffuz etish qoidalari to'plamidan iborat. Talaffuz me'yorlari og'zaki nutqqa xosdir. Fikr almashish jarayonida to'g'ri talaffuz muhim ahamiyatga ega. Nutq madaniyatining bir tomoni bo'lgan orfoepiya adabiy talaffuz madaniyatini oshirishga, uni bir tizimga solishga yordam beradi. Fonetika bo'limida biz to'g'ri talaffuz me'yorlari haqida fikr yuritdik.

2 Orfografiya (정서법)

Orfografiya (yunoncha orthos - "to'g'ri", grapo - "yozaman") - tog'ri yozish me'yorlari haqidagi soha.
Yuqorida, fonetika bo'limida tovushlar talaffuzi bilan birga ularning yozilishi haqida ma'lumot berdik.

03 Leksikologiya va frazeologiya (어휘와 표현)

BOB

1   Leksikologiyaning ifoda mazmuni (어휘의 개념)

Leksikologiya bo'limi leksika (so'z) ni o'rganadi. Koreys tilida ham so'zlar sodda (단일어), qo'shma (합성어), murakkab (복합어), yasama so'z (파생어) lardan iborat.

1) Sodda so'zlar (단일어)

Sodda so'zlar bir o'zak va bir-ikki bo'g'indan iborat bo'ladi: 밥, 집, 칼, 팔, 딸.

2) Qo'shma so'zlar (합성어)

Qo'shma so'zlar ikki yoki undan ortiq o'zakdan tashkil topadi: 약국, 수돗물, 훗일, 치약. Qo'shma so'zlar bog'lanishiga ko'ra to'g'ridan to'gri (금욕주의자, 천문학, 운동선수) va qo'shimchalar bilan (수돗물, 찻집) bog'lanadigan turlarga bo'linadi.

3) Murakkab so'zlar (복합어)

Murakkab so'zlar 3 va 4 bo'g'indan (아스팔트) ortiq bo'ladi. Koreys tilida yasama so'zlar unchalik ko'p emas.

4) O'zlashma so'zlar (외래어)

Endi o'zlashma so'z 차용어(借用語) ga to'xtalamiz. Barcha tillarda bo'lgani kabi koreys tilida ham chetdan o'zlashgan so'zlar uchraydi. Ba'zilarini farqlab bo'lmaydi, sababi qaysi tildan ekanligini bilish uchun so'zning kelib chiqishini o'rganishga to'g'ri keladi. Ammo ingliz, fransuz (umuman Yevropa) tillaridan o'zlashgan so'zlarni farqlash oson. Koreyslar o'zlashma so'z normalariga umuman e'tibor berishmaydi. Ya'ni uni o'zlariga qulay tarzda talaffuz qilishadi. Shu sababdan ba'zan sof inglizcha so'zni ham ajratish qiyin bo'lib qoladi. Koreys tilida o'zlashma so'zlarni yetarlicha ifodalovchi tovushlar bo'lmagani uchun, o'zlastirilayotgan so'zga yaqin tovush ishlatiladi.

bus – pizza	dam – team	game – key	jam – chip	violin – foul
버스 – 피자	댐 – 팀	게임 – 키	잼 – 칩	바이올린 – 파울

Koreys tilida ham b, d, g, j tovushlar, ammo v, f tovushlari o'rniga boshqa muqobillari qo'llanilgan.

Z tovushi o'rniga odatda ㅅ yoki ㅆ qo'llanilsa ham ba'zan ㅈ- j tovushi ham qo'llaniladi. 줌렌즈 (zoom lense), 재즈 (jazz). Biroq s tovushi ㅅ ni bilan belgilanadi. Talaffuzda ㅆ ishlatilishi ham mumkin (yozuvda emas). 사인 (sign), 세미나 (seminar), 세일 (sale), 소스 (sauce). Ba'zi o'zlashma so'zlarning yozilishi bir xil bo'ladi: bag/back [백]. Ingliz tilidagi t, d tovushlari ㄷ ga to'g'ri kelsada, bo'g'in oxirida ko'p hollarda ㅅ qo'llaniladi: "bat[뱃], helmet[헬멧], supermarket[슈퍼마켓], pyramid[피라밋] kabi.

Ilgari koreys tilida ㄹ so'z boshida kelmagani uchun o'zlashma so'zlar boshida r bo'lsa ㄴ(n)ga almashtirishgan (나다(지)오, 남포), hozirga kelib o'zlashma so'zlarda ㄹ so'z boshida kela oladi: 램프 (lamp), 라디오 (radio), 로켓 (rocket), 라이터 (lighter).

O'zlashma so'zlar ma'lum bir tilda mos so'zlarning yo'q bo'lgani uchun emas, ko'p qo'llanganligi uchun ham kirib kelishi mumkin. '고유어 – 한자어 – 서구어' [Misol: 모임 – 회합(會合) – 미팅(yig'ilish) / 자르다 – 절단(切斷)하다 – 커트(kesmoq)하다]

Ingliz tilidan o'zlashgan so'zlar turining ham ko'p bo'lganligi uchun, ko'p qo'llaniladigan o'zlashma so'zlarni ma'lum tartibini beramiz.

의류	넥타이, 셔츠, 스커트, 스타킹, 블라우스, 투피스, 핸드백, 벨트
음식	아이스크림, 케이크, 커피, 크림, 주스, 햄버거, 피자, 스푼, 나이프
전기	안테나, 텔레비전, 앰프, 스피커, 컴퓨터, 칩, 소프트웨어
자동차	택시, 타이어, 배터리, 기어, 범퍼, 브레이크, 헤드라이트, 엔진

스포츠	홈런, 스트라이크, 아웃, 골인, 테니스, 라켓, 네트, 트랙, 마라톤
사회 활동	뉴스, 퀴즈, 리포트, 세미나, 브리핑, 스캔들, 심포지엄, 미팅
기타	드라마, 세일, 테러, 프로그램, 파트너, 룰, 힌트, 리더십, 이미지, 카테고리, 차트, 인턴, 카운슬러, 저널리즘 (journalism), 유엔 U.N.(Birlashgan millatlar)

2 So'z yasovchi qo'shimchalar (어휘의 구성)

So'z yasovchi qo'shimchalar ikki xil bo'ladi:

① old qo'shimchalar (prefiks)

② yasovchilar

Old yasovchilar so'z boshida keladi. Ular mustaqil ma'noli so'z bo'lishi yoki bo'lmasligi mumkin.

군-	군소리, 군불, 군침, 군입, 군손질	맨-	맨손, 맨발, 맨입, 맨땅, 맨밥
맏-	맏형, 맏아들, 맏며느리, 맏물	풋-	풋과일, 풋나물, 풋사랑, 풋내기
오른-	오른손, 오른쪽, 오른팔	왼-	왼손, 왼발, 왼새끼, 왼쪽
수-	수캐, 수탉, 수평아리, 숫염소	암-	암소, 암탉, 암캐, 암놈, 암키와
외(外)-	외삼촌, 외사촌, 외가, 외할아버지	시(媤)-	시부모, 시어머니, 시동생, 시집
덧-	덧신, 덧니, 덧문, 덧나다, 덧바르다	헛-	헛수고, 헛소문, 헛일, 헛짚다
짓-	짓누르다, 짓밟다		

Ot yasovchi qo'shimchalar otda o'nta (-이, -개, -질, -자, -사, -ㅁ/음), sifatda oltita (-롭, -답, -스럽, -하), ravishda 3-4ta (-이, -히, -로, -오/우), fe'lda esa eng ko'p 14 ta so'z yasovchi qo'shimcha mavjud: (-이/히/리/기/애/우, -거리). Bu so'z yasovchilar haqida ot, sifat, ravish, fe'l so'z turkumlarida batafsil to'xtalamiz.

Ko'pchilik so'zlar asosan bitta tovush va ma'noga ega. 참외 (qovun), 포도주 (vino), 수박 (tarvuz) va boshqalar. Polisemiyada ko'p so'zlar bitta tovush va bir necha ma'nolarga ega bo'ladi.

Misol: 먹다 [fe'li (yemoq)]

- 밥을 먹는다.   Ovqat yemoqda.
- 술을 먹는다.   Aroq ichmoqda.
- 담배를 먹는다.   Sigaret chekmoqda.
- 돈을 먹는다.   Pulni o'zlashtirmoqda.
- 나이를 먹는다.   Ulg'aymoqda.

So'zning ma'no turlari

- So'zning asl va ko'chma ma'nolari

Ko'p ma'noli so'zlar orasida eng asosiy ma'no so'zning o'z ma'nosi hisoblanadi. So'zni qaysi ma'noda kelayotganini matndan bilish mumkin.

Misol: 죽다 [(o'lmoq) fe'li]

- 사람은 누구나 죽는다.   Har kim o'ladi. (asl ma'noda)
- 시계가 죽는다.   Soat to'xtab qolibdi.
- 불이 죽는다.   Olov o'chyapti.

- So'zning tashqi va ichki ma'nosi

Ichki ma'no g'oyalari yoki odat va qo'shimcha ma'no konsepsiyasi guruhi asosida hosil bo'lgan ma'no. Ya'ni 여성 (ayol) so'ziga nisbatan bizning qarashimiz: ojizalik, yordamga muhtoj, ona instinkti va hakozalar. So'zning ichki ma'nosini topish oson, biror so'z xayolingizga kelganda shu so'z bilan bog'liq narsalarga e'tibor qaratishni o'zi kifoya. Masalan, erkak, o'quvchi, nikoh degan so'zlarni o'ylang, ichki ma'nosini topishga harakat qiling. Bulardan tashqari umumiy va his-hayajon ma'noli so'zlar ham bor.

Talaffuzi har xil, ma'nosi bir xil bo'lgan so'zlar sinonimlar deyiladi.
Sinonimlar mutloq va nisbiy turlarga bo'linadi.

1) Mutloq sinonimlar bir-birini o'rnida ishlatila oladigan bir ma'noli so'zlardir:
   • 책방 (kitob do'koni): 서점
   • 속옷 (ichki kiyim): 내의
   • 죽다 (o'lmoq): 숨지다, 사망하다

2) Matnga tobe holda qo'llanishda sinonimlar bir-birining o'rnini qoplay olmaydi.
   • 고깃간 (go'sht do'koni): 정육점, 푸줏간, 육곳간 (shevalarda farqlanadi)
   • 교도소 (qamoq): 감옥, 감옥소, 빵간 (ijtimoiy mavqeiga ko'ra farqlanadi)
   • 사람 (odam): 놈, 새끼 (so'zlovchining muomala tarziga ko'ra farqlanadi)

3) Nisbiy sinonimlar.
   Aytilishi har xil, mazmuni bir-biriga mos so'zlar nisbiy sinonim hisoblanadi.

   • 꼬리 va 꽁지: 짐승꼬리 (hayvonning dumi), 새꽁지 (qushning dumi)
   • 밥 va 맘마: 밥 (ovqat) odatdagi so'z, 맘마 ni yosh bolalar ishlatadi.
   Nisbiy sinonimni mutloq sinonimdan ajratish qiyinligi yuqorida
   ko'rganimizdek, so'zda qo'llanilishda qandaydir cheklanish bo'lsa, bu
   nisbiy sinonimlar sirasiga kiradi.

5 Omonim (동음이의어)

Aytilishi bir xil, lug'aviy ma'nosi har xil so'zlar omonim deyiladi.

- 배가 고프다.   Qornim ochdi.
- 배를 먹었다.   Nok yedim.
- 매일 배를 타고 논다.   Men har kuni qayiqda sayr qilaman.

- 그는 길의 눈을 치웠다. U yo'lni qordan tozaladi.
- 자기 눈으로 보다.   O'z ko'zi bilan ko'rmoq.
- 저울눈이 모자라다.   Tarozi mili yetmayapti.

6 Antonim (반대말)

Bir-biriga qarama-qarshi bo'lgan so'zlar antonim deyiladi. 남자 ↔ 여자(erkak ↔ ayol) qarama-qarshi jins vakili. 오다 ↔ 가다(kelmoq ↔ bormoq).
Agar ko'p ma'noli so'zlar bo'lsa har bir ma'nosiga qarshi so'z bo'ladi.
Shunda bir so'zning bir necha ma'nosi bo'ladi. 뛰다 ↔ 걷다(yugurmoq ↔ yayov yurmoq) so'zning asl ma'nosi va antonimi. Biroq 뛰다 so'zining 물가가 오르다 (narxi ko'tarilmoq) degan ko'chma ma'nosi ham bor, unga antonim 내리다 yoki 떨어지다 (tushmoq) bo'ladi.

7 Qisqartma so'zlar (약어)

Ba'zan shunday holat kuzatiladiki, barqaror so'z birikmalari komponentlarining bosh harflarini yoki ma'lum qismlarini olib qo'shish bilan qisqartma so'zlar hosil qilinadi. Ular asosan, ot turkumiga mansub bo'ladi:
Masalan:

- 고려대학교 (Korya Universiteti)   →   고대(高大)

- 대한민국 (Koreya Respublikasi) → 한국(韓國)
- 임시정부 (Muvaqqat hokimiyat) → 임정(臨政)
- 한국은행 (Koreya banki) → 한은(韓銀)

8 Frazemaning ifoda mazmuni (표현의 개념)

Ma'lumki, frazema - ikki yoki undan ortiq soz'dan tashkil topgan, ma'noviy jihatdan o'zaro bog'liq bo'ladi, shuningdek, soz' birikmasi yoki gapga teng keladi. U yaxlitligicha ko'chma ma'noda qo'laniladi va bo'linmaydi. Ammo frazemalarda ma'lum millatga xos xususiyatlar bo'ladiki, ularni tarjima qilish jarayonida, ularning bu jihatlariga e'tibor qilinadi. Agar iboralarni so'zma-so'z tarjima qilinsa boshqa ma'no kelib chiqishi kuzatiladi.

- 발이 넓다: 알고 지내는 사람이 많다.

  tarj. Oyog'i keng: Tanish-bilishi ko'p.

- 발을 끊다: 서로 오가지 않거나 관계를 끊다.

  tarj. Oyog'ini uzmoq (tiymoq): O'zaro bordi-keldi qilmay, aloqani uzmoq.

- 발 벗고 나서다: 어떤 일을 적극적으로 하다.

  tarj. Oyog'i tinmaydi: Har bir ishni sidqidildan bajaradi.

Ma'lumki, (frazeologik) iboralar bir so'zga yoki gapga teng bo'ladi yoki ibora iboraga teng so'zdagi muqobili yo'q bo'ladi. Koreys tilining og'zaki nutqida bu kabi iboralar ko'p uchraydi. Endi bir necha iborlarni sinonimini topib tarjima qilib ko'ramiz. '귀가 가렵다 (qulog'i qizimoq)', '입이 무겁다 (og'zi mahkam)', '입이 짧다 (chimxo'r = tanlab ovqat yeydigan)', '손이 모자라다 (ishchi kuchi kam)', '바람을 맞다 (va'dasida turmaslik)', '눈감아 주다 (ko'z yummoq = aybini bilmaslikka olmoq)', '콧대가 높다 (burni ko'tarilgan = kekkaygan)', '바가지를 긁다 (quloq-miyani yemoq = vaysamoq)'.

II

Morfologiya
| 형태론 |

Morfologiya (형태론이란)

Morfologiya (grekcha morphe shakl, logos so'z, ta'limot) so'z va uning shakllari haqidagi fandir. Morfologiya so'z shakllari va umumiy grammatik ma'nolarni ifodalaydi. Morfologiya so'zning leksik-grammatik ma'nosi, uning tuzilishi, so'zlarning gapdagi o'rnini ham o'rganadi.

Koreys tilida quyidagi morfologik xususiyatlar mavjud:

1) Shakl yasovchi qo'shimchalar juda muhim. Bu xususiyat *agglyutinativ tillarga xos bo'lgan jihatdir.

2) Koreys tilida har bir grammatik shaklning asosiy vazifasi bor.

3) Jonli va jonsiz otlar orasidagi farq grammatikada muhim ahamiyatga ega.

가. 철수가 나무에 물을 준다.   Cholsu daraxtga suv quydi.

나. 철수가 나무에게 물을 준다. (x)

가. 철수가 딜도라에게 물을 준다.   Cholsu Dildoraga suv berdi.

나. 철수가 딜도라에 물을 준다. (x)

Bu misolda jonli predmetga nisbatan -에게, jonsiz predmetga esa -에 ishlatildi. 가. da ko'rsatilgan misollar to'g'ri, 나. da ko'rsatilgan misollar noto'g'ri.

자두에서 향기가 난다.   Olxo'ridan hushbo'y hid kelayapti.

자두에게서 향기가 난다. (x)

철수에게서 이 책을 빌렸다.   Cholsudan kitob oldim.

철수에서 이 책을 빌렸다. (x)

Bu misolda jonli predmetga -에게서, jonsiz (daraxtga) predmetga -에서 ishlatilgan.

4) Sanoq so'zlarining ishlatilishi ham har xil bo'ladi.

오징어 한 축   20 dona kalmar

마늘 한 접   100 dona sarimsoq piyoz

* agglyutinativ tillarda so'z o'zagi yoki negiziga qo'shimchalar qo'shilishi natijasida yangi sozlar hosil bo'lishi kuzatiladi.

04 So'z turkumlari (품사)

BOB

1 So'z turkumlari haqida (품사의 개념)

So'zlar o'z mavhum grammatik ma'nolari, morfologik belgilari va grammatik kategoriyalariga qarab, so'z yasash, shakl yasash va so'z o'zgartirish xususiyati hamda gapda bajargan vazifalariga qarab bir-biridan farq qiladi. So'zlarning mavhum grammatik ma'nosi, morfologik va sintaktik belgilariga qarab guruhlarga bo'linishi so'z turkumi deyiladi. Har bir turkum o'ziga xos mavhum grammatik ma'noni anglatadi va shu turkumga xos grammatik ma'no ifodalovchi vositalarga ega bo'ladi.

Koreys tilida ot, olmosh, son, bog'lovchi, fe'l, sifat, sifatlovchi so'zlar, ravish, undov kabi 9 ta so'z turkum mavjud.

So'z turkumlari ikkiga bo'linadi: mustaqil so'z turkumlari va yordamchi so'z turkumlari. Mustaqil so'z turkumlari yakka holatda ham ma'no anglatadi. Mustaqil so'z turkumlariga ot, olmosh, son, sifat, fe'l va ravish kiradi. Yordamchi so'z turkumlari mustaqil so'zlarga qo'shimcha ma'no beradi. Ularga bog'ovchi, undalma va taqlid so'zlar kiradi.

2 Mustaqil so'z turkumlari (체언의 개념)

Mustaqil leksik va grammatik ma'noga ega bo'lib, gapning biror bo'lagi vazifasida keladigan, shunga muvofiq shakl yasash xususiyatiga ega bo'lgan so'zlar mustaqil so'zlar deyiladi. Mustaqil so'zlar voqea-hodisalar haqidagi tushunchalar (predmet, belgi, harakat, miqdor)ni ifodalaydi.

Mustaqil so'z turkumlari: Ot, Olmosh, Son

| 체언: 명사, 대명사, 수사 |

05 Ot (명사)

BOB

1 Otlarning tushunchasi (명사의 개념)

Predmetlilik ma'nosini anglatadigan so'z turkumi ot deyiladi. Otlar har xil ma'noni anglatadi. Shunga ko'ra ularning grammatik xususiyatlari ham turlicha. Otlar atoqli va turdosh otlarga bo'linadi.
Gapda bosh va ikkkinchi darajali bo'lak hamda undalma vazifasida keladi:
선생님, 오늘 일찍 집에 가도 됩니까?

Bir turdagi predmetlarning umumiy nomini bildirgan otlar turdosh ot deb ataladi. Turdosh otlar ot turkumiga kirgan so'zlarning asosiy qismini tashkil qiladi. Turdosh otlar bir jinsdagi shaxs, narsa, hayvonlar, voqea-hodisalarning nomlari bo'lib, shular haqidagi umumiy predmetlik tushunchasini anglatadi.

사랑 muhabbat   사람 odam   책 kitob   나무 daraxt   학생 talaba

공원에는 나무가 많습니다.
Bog'da daraxtlar ko'p.

언니가 집에서 청소를 합니다.
Katta opam uyni tozalayaptilar.

할머니께서는 신문을 보십니다.
Buvim gazeta o'qimoqdalar.

학생들이 운동장에서 축구를 하고 있습니다.
Talabalar maydonchada futbol o'ynayapti.

Atoqli otlarga yakka shaxslarning nomi, borliqdagi yakka narsa, voqea-hodisalarning nomlari kiradi. Kishilarning ismi, familiyasi, geografik nomlar, tarixiy voqealar, kitob, gazeta, jurnal, kinofilim nomlari atoqli otlardirdir. Ba'zi tillarda atoqli otlar katta harf bilan yozilsa-da, koreys tilida bosh harflar yo'q.

타슈켄트는 우즈베키스탄의 수도입니다.
Toshkent O'zbekistonning poytaxti.

무하밧이라는 이름의 뜻은 사랑입니다.
Muhabbat degan ismning ma'nosi-sevgi.

2 Otlarning xususiyatlari (명사의 특징)

Koreys tilida otlar kelishik qo'shimchalarini olib gap bo'laklari bo'lib keladi. Koreys tili agglyutinativ til bo'lgani uchun, har qanday so'z yasovchi, so'z o'zgartiruvchi qo'shimchalar so'z o'zagini o'zgartirmaydi. Bu uning o'ziga xos xususiyatidir. Koreys tilida rod qo'shimchasi yo'q. Otlar ko'plik qo'simchasi –들 undan keyin egalik qo'shimchasi –이 ni oladi. Shuningdek, ot kesim bo'lib kelganda o'zbek tiliga tarjima qilinmaydigan –이다 qo'shimchsi va uning turli zamondagi shakllarini oladi.
–이다 qo'shimchasi bizda mavjud kesimlik qo'shimchasi -dir qo'shimchasiga yaqin tursada, doimo tarjima qilinavermaydi:

안바르는 학생입니다.
Anvar talaba.

동물원에는 동물들이 많이 있습니다.
Tog' o'rmonida hayvonlar ko'p.

Agar gap I shaxs haqida borayotgan bo'lsa, otga qo'shuluvchi –이다 qo'shimchasi I shaxs birlik va ko'plikda -man, -miz, deb tarjima qilinadi:

나는 후르얏이라는 신문 기자입니다.
Men "Hurriyat" gazetasining muxbiriman.

둘이 친한 친구입니다.
Biz qalin do'stlarmiz.

우리 아버지께서는 선생님이십니다.
Mening otam o'qituvchi.

Koreys tilida ham birlikda qo'llaniladigan va mavhum ot turlari mavjud.
물, 기름, 사랑, 운, 생활

3 Otlarning ma'no turlari (명사의 형성)

Otlar tuzilishiga ko'ra tub, yasama, qo'shma, qisqartma otlarga bo'linadi.
Koreys tilida qisqartma otlar deyarli yo'q, borlari ham o'zlashma so'zlardir.

1 Sodda otlar (단일명사)

Bu turdagi otlarga bir o'zakli yasama bo'lmagan otlar kiradi.

나라 davlat   유리 oyna   사람 odam   강 daryo   집 uy   문 eshik   사자 sher

사랑은 세계를 구원합니다.
Muhabbat dunyoni qutqaradi.

그 나라가 빨리 발전합니다.
U mamlakat tez rivojlanayapti.

이 강이 아주 깊습니다.
Bu daryo juda chuqur.

문이 열려 있습니다.
Eshik ochiq turibdi.

2 Qo'shma otlar (복합명사)

Qo'shma ot turlari

명사 + 명사	손목, 고무신, 어깨동무, 기와집, 산나물
명사 + 사이시옷 + 명사	콧날, 시냇물, 등불[등뿔]
관형사 + 명사	새언니, 풋사랑, 옛날
용언의 관형사형 + 명사	굳은살, 큰댁, 올해
용언의 어간 + 명사	곶감, 접칼, 묵밭
부사 + 명사	살짝곰보, 곱슬머리, 산들바람
부사 + 부사	잘못
동사의 명사형 + 명사	갈림길, 디딤돌, 비빔밥
명사 + 동사의 명사형	말다툼, 보물찾기, 줄넘기

Koreys tilida qo'shma otlarning bir necha turi mavjud:

맨손	yalang'och qo'l		날고기	xom go'sht
애호박	yangi qovoq		약국	dorixona
일꾼	ishchi		덮개	qopqoq

Qo'shma otlarning bu turida aniqlovchi va aniqlanmish munosabati mavjud. Koreys tilida bunday otlar bir urg'u bilan aytiladi va bir tushunchani bildiradi.

눈물	ko'z yoshi		봄비	bahor yomg'iri
돌다리	tosh ko'prik		책상	o'quv stoli
잠옷	tungi ko'ylak		돼지고기	cho'chqa go'shti
밤낮	kecha-kunduz			

O'zbek tiliga bular otli so'z birikmasi tarzida tarjima qilinib, alohida urg'ular bilan talaffuz qilinadi.

맨손으로 호랑이를 잡았습니다.
Yalang'och qo'l bilan sher ushladi.

애호박이 연하고 맛이 있어요.
Kichkina qovoq yumshoq va mazali bo'ladi.

날고기는 익혀서 드십시오.
Xom baliqni yaxshilab qovurib yeng.

일손이 모자라서 일꾼을 구해야겠습니다.
Ishchi kuchi yetishmaganidan ishchi topish kerak.

이 그릇은 덮개가 필요합니다.
Bu idishga qopqoq kerak.

아버지께서는 낚시질을 좋아하십니다.
Otam baliq ovini yaxshi ko'radi.

2-usulda yasalgan qo'shma otlar. Ikki ot o'rtasiga ‑ㅅ (사이시옷) oraliq ㅅ harfi qo'yiishi bilan yasaladi:

뒷말	keyingi so'z	찻길	mashina yo'li
수돗물	ichimlik suvi	첫소리	ilk ovoz
찻집	choyxona	외갓집	ona uyi
세뱃돈	yangi yilda sovg'aga beriladigan pul		

콧등에 땀방울이 맺혀 있습니다.
Burun ustiga ter tomchisi tushib turardi.

수돗물을 아껴 씁시다.
Ichimlik suvini avaylab ishlataylik.

눈물이 소리 없이 흘러내립니다.
Ko'z yoshi asta-sekin oqardi.

봄비가 어제부터 내리기 시작했습니다.
Bahor yomg'iri kechadan boshlab yog'a boshladi.

돌다리도 두들겨 보고 건너라.
Tosh ko'prikdan ham ehtiyot bo'lib o't.

Koreys tilida ot yasovchi qo'shimchalar.

아름답다 go'zal   –   아름다움 go'zallik

느끼다 his qilmoq –   느낌 hissiyot

-ㄴ/는 것 va -기 yasovchilari fe'l va sifatdan ot emas, harakat nomi yasaydi.

Ot yasash usullari:

-이	넓이, 길이, 높이, 깊이, 놀이, 먹이, 개구리, 뻐꾸기
-ㅁ/음	웃음, 울음, 믿음, 기쁨, 슬픔, 삶
-개/게	덮개, 지우개, 찌개, 지게, 집게
-질	가위질, 톱질, 부채질, 이간질, 도둑질
-보	잠보, 겁보, 꾀보, 털보, 울보, 느림보
-꾸러기	잠꾸러기, 심술꾸러기, 욕심꾸러기
-쟁이	멋쟁이, 거짓말쟁이, 욕심쟁이
-자(者)	기술자, 과학자, 학자, 지휘자
-사(師)	이발사, 미용사, 교사, 목사
-수(手)	가수, 기수, 나팔수, 목수, 조수

Quyidagi kelishik qoʻshimchalarini olib, feʼl va atributiv soʻzlardan keyin keladi. Bu otlar koʻpincha tarjima qilinmaydi, tarjima qilinganda ravish, modal soʻz, feʼl, sifat tarzida boʻladi.

1 모양 shekilli, aftidan, chamasi

Bu ot roʻy berayotgan ish va voqeani holati yoki tasvirini ifodalaydi. Biroq quyidagi otlarning qoʻllanilishida soʻzlovchi yoki shaxs holati yoki ahvolini tasdiqlashda ishlatiladi.

F. 0ʻ <동사어간> ㄴ/ㄹ/은/는/을 모양이다

집에 아무도 없는 모양입니다.
Uyda hech kim yoʻqqa oʻxshaydi.

밖에 비가 오는 모양입니다.
Koʻchada yomgʻir yogʻayapti, shekilli.

말리까는 방에서 자는 모양입니다.
Malika xonasida uxlayotganga oʻxshaydi.

학생들이 시험을 잘 본 모양입니다.
Talabalar imtihonni yaxshi topshirganga oʻxshaydi.

그녀는 자기 결혼도 늦는 모양입니다.
U oʻzini toʻyiga ham kechikadiganga oʻxshaydi.

할리마는 요즘 매우 바쁜 모양입니다.
Malika shu kunlarda juda bandga oʻxshaydi.

박 선생님께서는 오늘 안 올 모양입니다.
Pak domla bugun kelmaydiganga oʻxshaydilar.

일 ba'zida, gohida, qachonlardir

Bu so'z aslida "ish, yumush, mashg'ulot" ma'nosini beradi, ammo quyidagi shakllar bilan qo'llanganda aytgan fikrni o'tgan zamonda bo'lib o'tganini anglatadi va "bir vaqtlar, -gan vaqtim, -gan joyim, qachonlardir" yoki uzoq o'tgan zamon qo'shimchasi yordamida tarjima qilinadi.

F, O' <동작동사어간> ㄴ/은/는 일이 있다/없다

저는 사마르칸드에 가본 일이 있습니다.
Men bir vaqtlar Samarqandga borganman.

언젠가 그 그림을 본 일이 있습니다.
Qachonlardir bu rasmni ko'rganman.

그분은 담배를 피우는 일이 없습니다.
U kishi sigaret chekmasdi.

저는 그 친구와 싸운 일이 없습니다.
Men u do'stim bilan sira urushmaganman.

저는 그 친구한테 나쁜 일을 한 적이 없습니다.
Men u o'rtog'imga yomonlik qilmaganman.

3

길 yo'l

Bu otning asl ma'nosi yo'l, yunalish bo'lsa-da, fe'l bilan qo'shilib kelganda qandaydir ish-harakatning ma'lum vaqtda ro'y berishini anglatadi. O'zbek tiliga tarjima qilinganda zamoniga qarab -ganda, (-ganimda, -gandim) shakllarida ifodalanadi, yoki umuman tarjima qilinmaydi. Bu gapning mazmunidan aniqlanadi.

F, O' <동작동사어간> 는 길이다

어디 가시는 길이세요?
Qayerga ketyapsiz?

일을 끝내고 집으로 가는 길입니다..
Ishni tugatib uyga qaytayapman.

학교로 가는 길에 선생님을 만났습니다.
Maktabga borayotganimda o'qituvchini uchratdim.

지금 나가는 길이니까 밖에서 만나요.
Hozir ko'chaga chiqib ketayotgandim, ko'chada uchrashamiz.

지금 극장에 가는 길인데 같이 가시겠어요?
Hozir teatrga ketayotgan edim birga borasizmi?

4 셈 hisob

Hisob (셈) so'zining ma'nosi so'zlovchining biror bir ish-harakatga nisbatan bildirilgan fikrini ifodalaydi. Shuningdek taxmin va xohishni bildiradi. Tarjima qilinganda -deb hisoblamoq, xohlamoq, o'xshamoq degan ma'nolarni beradi va u kesim o'rnida keluvchi so'z o'zagiga qo'shiladi.

> K ㄴ/ㄹ/은/는/을 셈이다

이제 이 학기는 거의 끝난 셈입니다.
Endi bu semestr deyarli tugadi hisob.

그 시장은 비교적 싼 셈입니다.
Bu bozorni taqqoslaganda arzonga o'xshaydi.

올해는 별로 춥지 않은 셈입니다.
Bu yil unchalik sovuq emasga o'xshaydi.

서울은 텔레비전으로 보고 사진을 보았으니 가 본 셈입니다.
Seulni televizorda ham, rasmda ham, borib ham ko'rdim hisob.

5 때 vaqt

Bu ot vaqt ma'nosini bildiradi, ba'zan quyida yozilgandek qo'llanadi. Tarjimasi, vaqtda, –da, bo'lganida so'zlariga to'g'ri keladi.

> Fe'l o'zagi. <동사어간> (으)ㄹ 때

아플 때는 집에서 쉬세요.
Kasal bo'lganingizda uyingizda dam oling.

무슨 일을 할 때는 시작이 가장 중요합니다.
Har qanday ishda boshlash eng muhimidir.

시간이 있을 때 우리 집에 오세요.
Vaqtingiz bo'lganida bizning uyga boring.

어려울 때 도와주는 친구가 가장 진정한 친구입니다.
Qiyinchilikda yordam bergan do'st haqiqiy do'stdir.

6   Otdan keyin keladigan qo'shimchalar (명사의 뒤에 오는 접미사)

1) Koreys tilida hurmat ma'nosini bildiruvchi -님, qo'shimchasi ko'p hollarda tarjima qilinmaydi, ba'zan janob yoki hurmatli degan ma'noni beradi.

선생 + 님 → 선생님 Ustoz
아버지 + 님 → 아버님 Ota
총장 + 님 → 총장님 Rektor janoblari
부모 + 님 → 부모님 Ota-ona
형 + 님 → 형님 Aka

우리 선생님은 아주 친절한 사람입니다.
Bizning ustozimiz juda oqko'ngil inson.

형님은 산에 자주 갑니다.
Akam toqqa tez-tez borib turadi.

아버님이 편찮으십니다.
Otamning mazalari yo'q.

그녀의 어머님은 회사에 다니십니다.
U qizning onasi firmada ishlaydi.

2) -들 (-lar)

① Bu qo'shimcha otga qo'shilib uning ko'plik ma'nosini anglatadi. Agar otning ko'pligi anglashilib turgan bo'lsa ko'plik qo'shimchasi qo'llanilmaydi. Shuningdek, sanalmaydigan va mavhum otlarda ham -들 qo'llanilmaydi. Suyuqlik, shakar, un, hayot, qalb, sevgi kabi.

그녀는 딸기에 설탕을 많이 넣었습니다.
U qulupnayga ko'p shakar soldi.

이 자동차는 기름을 조금 먹습니다.
Bu mashina bezinni kam yeydi.

그 사람 옆에 있으면 나는 행복합니다.
Bu inson mening oldimda bo'lsa men baxliman.

Qolgan barcha hollarda, hattoki xalq (국민), millat (민족) kabi umumni
bildiradigan otlarga ham -들 qo'shimchasi qo'shiladi.

국민들이 힘을 합쳐서 튼튼하고 잘 사는 나라를 만들어야 합니다.
Millat kuchini yig'ib mustahkam va yaxshi yashaydigan davlatni qurish kerak.

우리 가족들은 모두 타슈켄트에 삽니다.
Oilamiz bilan barchasi birga Toshkentda yashaymiz.

사람들은 자기의 행복을 만들거나 기다리고 삽니다.
Odamlar o'z baxtini yaratadi yoki kutib yashaydi.

학생들이 다 모이면 같이 산에 갈 것입니다.
O'quvchilarning barchasi yig'ilgach birga toqqa ketamiz.

사람들이 버스를 기다립니다.
Odamlar avtobus kutib turishibdi.

식탁 위에 컵들이 놓여 있습니다.
Oshxona stolida chashkalar turibdi.

② Koreys tilidagi -들 qo'shimchasi ko'plik sondagi olmoshlar; biz (우리), siz
(너희), barcha (모두), shuningdek, ravishlar, sifat va fe'llarga ham qo'shilib
kelishi mumkin. Bunda eganing ko'pligini anglatish uchun -들 ko'plik
qo'shimchasi kesimga hamda gapning ikkinchi darajali bo'laklariga
qo'shilib keladi.

모두들 그 사람을 좋아합니다.
Barcha u odamni yaxshi ko'radi.

어서들 오세요.
Barchangiz hush kelibsizlar!

재미있게들 노세요.
Vaqtingiz chog' o'tsin.

여기 조용히들 앉아 있어라.
Bu yerda jimgina o'tiringlar.

Bu kabi koreys tilidagi gaplarni o'zbek tiliga tarjima qilinganda -lar
ko'plik yasovchi qo'shimchasi kesimga qo'shilib aytiladi.
Ko'plikdagi olmoshlarga (우리, 너희) ko'plik qo'shimchasini qo'shish bilan
ushbu ma'noga yanada chuqurroq urg'u berilishi kuzatiladi.

우리들은 내일 모스크바로 여행을 갑니다.
Ertaga bizlar (boshqa birov emas) Moskvaga sayohatga jo'naymiz.

너희들, 여기 공원이 어디 있는지 아니?
Senlar (aynan), bu yerdagi istirohat bog'i qayerdaligini bilasanlarmi?

저희들에게 그 숙제는 너무 어렵습니다.
Bizga bu uy ishi juda qiyin.

3) -쯤

① -쯤 sanoq so'zlar bilan birlashib, shu darajada, taxminan ma'nosini
ifodalaydi. 한, 약 so'zlari bilan birga kelganda taxmin ma'nosini yanada
kuchaytiradi.

지금 몇 시쯤 되었습니까?
Hozir soat taxminan necha bo'ldi?

지하철까지 걸어서 몇 분쯤 걸립니까?
Metrogacha taxminan necha daqiqa bor?

한 15분쯤 걸려요.
Taxminan 15 daqiqa ketadi.

내일 5시쯤 만나기로 했습니다.
Ertaga soat 5 lar atrofida uchrashadigan bo'ldik.

그녀는 약 20세쯤 된 것 같습니다.
Bu ayol taxminan 20 yoshlarga o'xshaydi.

② Bunda otlarga qo'shilib kelgan –쯤 qo'shimchasi o'zbek tiliga -lar deb tarjima qilinib, taxmin ma'nosini turli darajada ifodalashga xizmat qiladi.

하루에 3 킬로미터쯤은 걸어도 힘들지 않습니다.
Bir kunda 3 kilometrlar piyoda yursa ham qiyin emas.

Bunda –쯤 qo'shimchasidan –은 yordamchi qo'shimchasi qo'shilib keladi.

하루쯤은 굶어도 죽지 않는다.
Bir kun och yursang ham o'lmaysan.

Ba'zida taxmin ma'nosi –쯤 shakli qo'llanilgan so'zda emas, o'sha gapda bo'ladi.

그 사람쯤은 문제없습니다.
Bu odamda muammo bo'lmasa kerak.

4) **-경, -여**

–경 qo'himchasi taxminiy vaqt yoki kunni ko'rsatib kelganda qo'llaniladi, –여 qo'shimchasi esa 10 va undan katta bo'lgan sanoq sonlarga qo'shiladi. Ikkisi ham -lar, -larda deb tarjima qilinadi.

① –경

내일 몇 시경에 다시 올까요?
Ertaga soat nechalarda yana kelasiz?

강의는 열시경에 시작됩니다.
Ma'ruza soat 10 larda boshlanadi.

금년 팔월경에 결혼할 예정입니다.
Bu yil avgustlarda uylanmoqchiman.

내년 사월경에 한국에 유학할 예정입니다.
Kelgusi yil aprellarda Koreyaga o'qishga ketmoqchiman.

② -여 lar

저는 한국어를 십여 년 전부터 배웠습니다.
Men Koreys tilini 10 yillardan buyon o'rganib kelayapman.

그 모임에 백여 명이 참석했습니다.
Majlisga 100 tacha kishi ishtirok etdi.

5) -씩

-씩 qo'shimchasi miqdor bildiruvchi so'zlarga qo'shilib kelib ma'lum bir miqdordagi narsa borligini bildiradi. Bu qo'shimcha o'zbek tiliga -lab, -day, -dek, -lar, -tadan deb tarjima qilinadi.

이 사과는 한 개에 얼마씩 합니까?
Bu olmaning 1 donasi qanchadan?

이 약은 한번에 세 개씩 드십시오.
Bu dorini har gal 3 donadan iching.

그 달걀은 주먹만큼씩 합니다.
Bu tuxumlarning har biri mushtdek keladi.

과자를 아이들에게 하나씩 나눠주세요.
Shirinliklarni bolalarga bittadan bo'lib beringlar.

하루에 세 번씩 식사를 합니다.
Bir kunda uch martadan ovqatlanaman.

6) -짜리

Bu qo'shimcha sanoq so'zlarga qo'shilib, "qancha, qanday narxda, qanday hisobda, -lik, -li, -dagi" deb tarjima qilinadi.

100숨짜리 우표를 2장 주세요.
100 so'mlik markangizdan 2 dona bering.

이 공책은 50장짜리입니다.
Bu daftar 50 betlik.

이 유치원은 다섯 살짜리 아이만 들어올 수 있습니다.
Bu bog'chaga besh yoshli bolalargina qabul qilinadi.

이 사과는 한 개에 100숨짜리입니다.
Bu olmaning bir donasi 100 so'mlik.

100숨짜리 만년필을 샀습니다.
100 so'mlik ruchkangizdan berib yuboring.

7) **-어치**

Biror narsaning hisobi yoki summasini ko'rsatib keladi, o'zbek tiliga -dan, -ligidan, deya tarjima qilinadi.

이 과일을 얼마(어)치 드릴까요?
Bu mevani qanchadan berasiz?

이 많은 것들이 모두 100숨어치밖에 안 돼요.
Bu ko'p narsaning hammasi 100 so'mdan ortiq bo'lmaydi.
Ba'zan bu qo'shimcha tarjima qilinmaydi.

감 400숨(어)치만 주세요.
400 so'mga xurmo bering.

8) **-끼리 (-dan, -gina)**

-끼리 qo'shimchasi otlarga qo'shilib belgilangan obyekt; inson yoki hayvonlarni qandaydir umumiy belgi (sinf, tabaqa) ostida birlashishini (guruh, omma, gala, poda) bildiradi. O'zbekchaga faqat, -gina, deb tarjima qilinadi.

어려운 일이지만 우리끼리 해보자.
Qiyin ish bo'lsa-da, ammo o'zimizgina bajarib ko'ramiz.

사람들끼리 정답게 모여 삽니다.
Faqat odamlargina do'stona yig'ilib yashaydi.

성격이 비슷한 사람끼리 어울립니다.
Xarakteri o'xshash odamlargina bir-biriga mos bo'ladi.

다른 사람들은 바쁘니까 우리끼리만 극장에 갑시다.
Boshqalar band bo'lgani uchun faqat biz teatrga boramiz.

7 Mustaqil bo'lmagan otlar (tobe otlar) (의존명사)

Mustaqil bo'lmagan va alohida qo'llana olmaydigan otlar tobe otlar
hisoblanadi. Ular doim o'zidan oldin aniqlovchi bilan qo'llaniladi.

1) 수

수 quyidagi tuzilmalar bilan kelganda biror bir ish-harakatga qodirlilik yoki
qurbi yetmaslik, mumkinlik, imkoni yo'qligini anglatadi.

Fe'l o'zagi. <동작동사어간> (으)ㄹ 수 있다/없다

나의 일은 내가 알아서 할 수 있습니다.
Ishimni o'zim bilganim uchun o'zim qila olaman.

그녀는 수영을 할 수 없습니다.
U qiz suzishni bilmaydi.

시합에서 이길 수도 있고 질 수도 있습니다.
Musobaqada yutish ham yutqazish ham mumkin.

저는 한자를 읽을 수 없습니다.
Men iyerogliflarni o'qiy olmayman.

2) 것

① Biror bir narsa, fakt, obraz va xarakterni ifodalaydi. Fe'l o'zagiga
qo'shilib kelasi zamon ma'nosini ham bildiradi. O'zbek tiliga narsa yoki u
qo'shilib kelgan so'z harakatni ifodalaydigan so'zlar bilan tarjima qilinishi
mumkin. Bu shaklning to'liq va qisqargan shakllari mavjud:

거예요 → ㄹ 것이에요

걸 → 것을

건 → 것은

게 → 것이

Fe'l o'zagi. <동사어간> ㄴ/ㄹ/은/는/을 것 **Ot** <명사> 것

병원에 가 보는 게 어떻습니까?
Kasalxonaga borib kelishga nima deysan?

이 가방은 누구의 것입니까?

Bu sumka kimniki (kimning narsasi)?

어제 그 사람과 약속한 걸 잊어버렸어요.

Kecha u odam bilan va'dalashganimni unutib qo'yibman.

올해에는 영어를 배울 거예요.

Bu yil ingliz tilini albatta o'rganaman.

② 것 qo'shimcha yoki so'zga qo'shilib, so'zlovchining o'tgan va hozirgi zamonda bo'lgan va bo'lib o'tayotgan biror bir ish harakatning holatiga ishonch yoki afsus kabi munosabatlarini bildiradi.

Fe'l o'zagi.	`<동사어간>` ㄴ/ㄹ/은/는/을 것 같다
Fe'l o'zagi.	`<동사어간>` (으) ㄹ 걸(요)

밖에 눈이 내리는 것 같다.

Ko'chada qor yog'ayotganga o'xshaydi.

약속을 잊을 것 같아서 다시 전화했습니다.

Kelishuvni unutganganga o'xshagani uchun qayta telefon qildim.

지금 안바르는 집에 없을 것입니다.

Hozir Anvar uyda yo'qqa o'xshaydi.

그 음식은 외국인에게는 좀 매울 거예요.

Bu ovqat xorijliklarga biroz achchiqlik qilsa kerak.

3) 동안

Ma'lum bir ish-harakatni ma'lum bir vaqt davomida bo'lib o'tishini bildiradi.

O'zbek tiliga vaqtida, davomida, mobaynida, deb tarjima qilinadi.

Fe'l o'zagi.	`<동작동사어간>` ㄴ (는) 동안(에)
Ot	`<명사>` 동안(에)

한 달 동안 이 약을 먹어야 합니다.

Bu dorini bir oy davomida ichishingiz kerak.

전화하는 동안에는 텔레비전을 꺼 주십시오.

Telefon qilayotganimda televizorni o'chirib turing.

얼마 동안이나 외국에 계십니까?
Qancha vaqt mobaynida chet elda bo'ldingiz?

그동안 어떻게 지냈습니까?
Shu vaqt mobaynida vaqtingiz qanday o'tdi?

4) 대로

① Bu shakl o'zbek tiliga "qanday bo'lsa shundayligicha, avvalgidek, shunday so'zlar va -lab, -day, -dek, go'shimchalari bilan tarjima qilinadi.

> **Fe'l o'zagi.** <동사어간> ㄴ/ㄹ/은/는/을 대로
> **Ot** <명사> 대로

좋을 대로 하세요.
Qanday yaxshi bo'lsa shunday bajaring.

마음대로 하세요.
Xohlagandek bajaring.

가르쳐주신 대로 하겠습니다.
O'qitganingizdek qilaman.

당신의 말씀대로 하겠습니다.
Sizning gapingiz bo'yicha qilamiz.

② Bu shakl ikki ot yo otlashgan so'zlar o'rtasida kelsa, o'z-o'zicha, alohida, o'zi, o'zicha, o'ziga xos, deb tarjima qilinadi.

> **Ot** <명사> 대로 + <명사>

당신은 당신대로 갈 길을 가십시오.
Sen o'z yo'lingdan ket.

우리는 우리대로 할 일을 하면 됩니다.
Biz o'zimizning ishimizni qilsak bo'ldi.

그 사람은 그 사람대로의 생각이 있어요.
Bu odamning o'ziga xos fikri bor.

떡은 떡대로 술은 술대로 마십니다.
Nonni nonday, suvni suvdek ichamiz.

5) 듯(이)

① Bir-biriga o'xshash bo'lgan yoki bir xil darajani ifodalash uchun, ko'pincha qiyoslashda ishlatiladi.

Fe'l o'zagi. <동사어간> 듯(이)

Qavs ichidagi 듯(이) unlisini qo'ysa ham qo'ymasa ham bo'ladi. Bu shakl o'zbek tiliga -day, -dek, singari, kabi deb tarjima qilinadi.

비 오듯이 흐르는 눈물은 어쩔 수가 없습니다.
Yomg'ir oqayotgandek oqayotgan ko'z yoshlarni to'xtatib bo'lmasdi.

아기를 다루듯(이) 화분을 조심해서 다루세요.
Bolani boqqanday gulni ehtiyotlik bilan parvarish qiling.

그녀가 저를 사랑하듯(이) 저도 그녀를 사랑해요.
U qiz meni yaxshi ko'rganidek men ham uni sevaman.

불을 보듯(이) 뻔한 일이에요.
Yolqin singari aniq ish.

O'zbek tiliga tarjima qilinganda -day, -dek qo'shimchasi va kabi, singari so'zlariga sinonim sifatida bir-birlarini o'rnida keladi.

물이 흐르듯(이) 시간이 지나갑니다.
Suv oqqandek, vaqt o'tib ketadi. (Vaqt suv oqqandek o'tmoqda)

② Bu shakl so'zlovchining kelajakda bo'lishi mumkin bo'lgan unchalik aniq bo'lmagan fakt haqida o'z xulosasini va bahosini ma'lum qilishini ifodalaydi. Ko'p hollarda -ganga o'xshaydi, deb tarjima qilinadi.

Fe'l o'zagi. <동사어간> (으)ㄹ 듯

하늘을 보니 비가 올 듯합니다.
Osmonni ko'rdim yomg'ir yog'adiganga o'xshaydi.

그러는 것이 좋을 듯합니다.
Shunday bo'lsa yaxshiga o'xshaydi.

그 영화가 재미있을 듯합니다.

Bu kino qiziqqa o'hshaydi.

그 옷이 당신에게 맞을 듯합니다.
Bu ko'ylak senga mosga o'xshaydi.

오늘은 회사에 늦을 듯합니다.
Bugun firmaga kechikadiganga o'xshayman.

③ Bunda so'zlovchi ish-harakat jarayonida o'zi qatnashmagan bo'lsa-da, huddi o'zi qatnashgandek ma'nosini beradi.

> **Fe'l o'zagi.** <동사어간> ㄴ/은/는 듯(이)

그는 그 사고를 직접 본 듯이 이야기합니다.
U go'yo bu avtohalokatni shaxsan ko'rgandek gapirayapti.

그녀를 사랑하는 듯 이야기합니다.
U go'yo qizni sevib qolgan singari suhbatlashardi.

그 사람은 겸손한 듯이 행동을 합니다.
Bu odam go'yo jiddiy kishilardek tutardi o'zini.

6) 적

Bu qo'shimcha so'zlovchining o'tgan zamonda boshdan kechirgan biror hodisa yoki faktni yo vaqtga aloqadorligini aks ettiradi. Bu qo'shimchani "-gan joyim bor, -b(-ib), ko'rganman" yoki mutloqo o'tgan zamon hikoya fe'li yordamida tarjima qilish mumkin.

① Qandaydir harakat imkonini bildiradi.

> **Fe'l o'zagi.** <동작동사어간> (으)ㄴ 적이 있다/없다

저는 여자 친구와 함께 미술관에 가본 적이 있습니다.
Men do'stim bilan birga san'at muzeyiga borganman.

그런 이상한 이야기는 들어본 적이 없습니다.
Bunday g'alati gapni sira eshitmaganman.

저는 그 사람과 만난 적이 없습니다.
Men bu odam bilan uchrashgan joyim yo'q (sira uchrashmaganman).

택시에 우산을 놓고 내린 적이 많아요.

Taksida soyabonimni ko'p marta unutib qoldirganman.

② Bunda ro'y berayotgan vaqtdagi holatni bildiradi.

Fe'l o'zagi. <동작동사어간> (으)ㄹ 적에

저는 어릴 적에 조종사가 꿈이었습니다.

Men yoshlik vaqtimda uchuvchi bo'lishni orzu qilardim.

길을 건널 적에는 조심해야 합니다.

Yo'lni kesib o'tayotgan vaqtda ehtiyot bo'lish kerak.

주무실 적에는 불을 끄십시오.

Uxlayotgan vaqtingizda chiroqni o'chiring.

서울 대학교에 놀러 갔을 적에 그 사람을 처음 만났습니다.

Seul Universitetiga borganimda, u bilan birinchi marta uchrashgan edim.

7) 줄

① Biror bir ishga qodirlilik, qodir emaslik, bilish-bilmaslik, imkoniyatga ega bo'lish va imkoniyatsizlik ma'nolarini ifodalaydi.

Fe'l o'zagi. <동작동사어간> (으)ㄹ 줄 알다/모르다

자동차를 운전할 줄 압니다.

Mashinani hayday olasanmi.

제 친구는 저를 이해할 줄 압니다.

Meni do'stim meni tushuna oladi.

기타로 이 노래를 연주할 줄 아세요?

Gitara bilan bu qo'shiqni chala olasanmi?

사람은 사랑할 줄 알아야 합니다.

Inson seva olishi kerak.

② Ma'lum harakatni sodir bo'lishi kutilayotganini ifodalaydi. Bu ish-harakat kutilganday amalga oshmasligi mumkin.

Ot	<명사> ㄴ(인) 줄 알다/모르다
Fe'l o'zagi.	<동사어간> ㄴ/ㄹ/는/은/을 줄 알다/모르다

이렇게 우연히 만날 줄 몰랐습니다.
Bunaqa tasodifan uchrashib qolishimizni bilmagandim.

직장 생활이 이렇게 어려울 줄 몰랐습니다.
Ishlash bunchalik qiyin bo'lishini hayolimga ham keltirmagan edim.

발소리로 당신인 줄 알았습니다.
Oyoq tovushidan siz deb o'ylagandim.

피아노로 이 노래를 연주할 줄 아십니까?
Bu qo'shiqni pianinoda chala olasizmi?

8) 지

① Biror bir voqeilikni ma'lum vaqtda ro'y berganligini ifodalaydi. 되다, 지나 va shu kabi fe'llar bilan ko'p qo'llaniladi.

Fe'l o'zagi.	<동작동사어간> (으)ㄴ 지

나는 타슈켄트에 온 지 두 달이 넘었습니다.
Meni Toshkentga kelganimga 2 oy bo'ldi.

저는 그녀를 못 본 지 일 년이 되어갑니다.
Men u qizni ko'rmaganimga bir yildan o'tdi.

그 사람을 만난 지 일주일이 되었습니다.
Men u kishini uchratganimga bir hafta bo'ldi.

어머니께서 병원에 가신 지 4시간이나 지났는데 아직 돌아오시지 않았습니다.
Onamlar kasalxonaga ketganlariga to'rt soatdan oshdi, lekin hali ham qaytmadilar.

② Qo'shimcha vazifasini bajaradi va birga yozilib odatda qandaydir faktni tasdiqlash, isbotlash ma'nosini ifodalaydi.

Fe'l o'zagi. <동사어간> ㄴ/ㄹ/는/은/을지 알다/모르다

일이 언제 끝날지 모르겠습니다.
Ish qachon tugashini bilmayman.

공중전화가 어디 있는지 아십니까?
Ommaviy telefon-avtomat qayerdaligini bilasizmi?

오늘 날씨가 어찌나 더운지 모릅니다.
Bugun havo qanchalik issiqligini tasavvur qilolmaysiz.

그 영화는 얼마나 재미있는지 몰라요.
U kinoni qanchalar qiziqligini bilmayman.

9) 중

① Ot yoki fe'ldan keyin qo'llanilib harakatni amalga oshirilgan vaqti yoki uning jarayonini ifodalaydi. O'zbek tiliga vaqtida, davomida deb tarjima qilinadi.

Fe'l o'zagi. <동작동사어간> ㄴ/는 중
Ot <명사> 중

녹음을 하는 중에는 조용히 해야 합니다.
Ovoz yozib olinayotganda jimlikni saqlash kerak.

지금은 식사 중입니다.
Hozir ovqat vaqti.

상대방이 이야기하는 중에는 끼어들지 마세요.
Suhbatdoshingiz gapirayotganda halqait bermang.

저는 그 사람을 여행 중 만났습니다.
Men u odamni sayohat vaqtida uchratdim.

수업 중에 농담하지 마십시오.
Dars vaqtida hazil qilmang.

② Turli narsalar orasidan biror nimani tanlash ma'nosini ifodalaydi. Orasida, o'rtasidan deb tarjima qilinadi.

Ot <명사> 중

꽃 <u>중</u>에서 장미가 제일 예쁩니다.
Gullar orasida atirgul eng chiroylisi.

운동 <u>중</u>에 가장 재미있는 것은 테니스입니다.
Sport orasida eng qizig'i tennis.

무노잣은 나의 친구 <u>중</u>에서 나와 제일 친합니다.
Munojot mening do'stlarim ichida eng yaqini.

저 옷 <u>중</u>에는 마음에 드는 것이 없습니다.
Anavi kiyimlar ichida menga yoqadigani yo'q.

과일 <u>중</u>에서 가장 좋아하는 건 사과입니다.
Mevalar ichida eng yoqadigani olma.

10) 뿐

① Boshqa narsadan bir narsani tanlash yoki cheklanish ma'nosini beradi.
O'zbek tiliga -gina, faqat, faqatgina deb tarjima qilinadi.

Fe'l o'zagi. <동작동사어간> (으)ㄹ 뿐(이다)
Ot <명사> 뿐(이다)

제가 아는 것은 그 사람의 이름<u>뿐입니다</u>.
Men bilgan narsa u kishining ismigina xolos.

어제는 기분이 좀 안 좋았<u>을 뿐입니다</u>.
Kecha kayfiyatim birozgina yomon bo'lgandi.

그 사람은 돈만 없<u>을 뿐이지</u> 좋은 사람입니다.
Bu odamning puli yo'q bo'lmasada yaxshi odam.

아이들이 갈 수 있는 곳은 공원<u>뿐입니다</u>.
Bolalar boradigan joy faqat park.

② 아니다 yoki 더러 bilan qo'shilib, odatda o'zbek tiliga "nafaqat bu, -gina emas" degan ma'nolarni beradi.

Ot	<명사> 뿐(만) 아니라/더러
Fe'l o'zagi.	<동작동사어간> (으)ㄹ 뿐(만) 아니라/더러

시간이 늦었을 뿐만 아니라 차도 없었습니다.
Biz nafaqat kechikdik, balki mashina ham yo'q edi.

겨울에는 추울 뿐만 아니라 눈도 많이 내립니다.
Qishda sovuq bo'ladigina emas, qor ham ko'p yog'adi.

사랑은 생명일 뿐만 아니라 빛입니다.
Muhabbat nafaqat hayot, nur hamdir.

시계뿐만 아니라 만년필도 잃어버렸어요.
Soatgina emas, ruchkamni ham yo'qotdim.

11) 지경

Qandaydir og'ir holat yoki ahvolga tushib qolish ma'nosini beradi. O'zbek tiliga -gu(n)day bo'lib qoldim, -b(-ib) qolayozdim deb tarjima qilinadi.

Fe'l o'zagi.	<동작동사어간> (으)ㄹ 지경이다

너무 피곤해서 쓰러질 지경이다.
Judaham charchaganimdan yiqilguday bo'lib qoldim.

어제는 배가 고파서 죽을 지경이었습니다.
Kecha qornim ochligidan o'lib qolayozdim.

시험에 합격해서 좋아 죽을 지경입니다.
Imtihondan o'tganim uchun xursandligimdan o'lib qolayozdim.

물건 값이 너무 비싸서 기가 막힐 지경입니다.
Narxlar shunday balandki, vahmang keladi.

그들은 이제 이혼할 지경이다.
Ular endi ajrashish arafasida(lar).

12) 리

Biror bir faktni sababini sof ma'nosini ifodalaydi. So'roq shaklida kinoyaviy ma'no beradi. O'zbek tiliga "ham", "mumkin", "ehtimol" deb tarjima qilinadi.

Fe'l o'zagi. <동작동사어간> -(으) ㄹ 리가 없다

그분은 건강해서 편찮으실 리가 없습니다.
U kishi sog'lom bo'lgani uchun kasal bo'lish ehtimoli yo'q.

아니 땐 굴뚝에 연기 날 리 없다.
Shamol bo'lmasa daraxtning uchi ham qimirlamaydi.

그 사람이 약속을 잊을 리가 있습니까?
Bu kishim va'dasini unutishi ham mumkinmi?

오늘은 눈이 올 리가 없다.
Bugun qor yog'ishi mumkin emas.

13) 참

Qaror qilingan maqsad yo holatni ro'yobga chiqarishni ifodalaydi. O'zbek tiliga -moqchi edim, -moqchi bo'lib turgandim deb tarjima qilinadi.

Fe'l o'zagi. <동작동사어간> (으)ㄹ (려)던 참이다

나도 친구 병문안을 갈 참이었다.
Men ham kasalxonaga bormoqchi edim.

소식이 궁금했던 참이었습니다.
Sen haqingda bilmoqchi bo'lib turgandim.

쉬려고 하던 참에 친구에게서 전화가 걸려 왔다.
Dam olmoqchi bo'lib turgandim do'stim telefon qilib qoldi.

이번 여행은 기차를 이용할 참입니다.
Bu sayohatimda poezddan foydalanmoqchi edim.

14) 터

Fe'l bilan kelgan 터 tobe oti gapda quyidagi tuzilmalar bilan kelganida "reja, istak, taxmin, oldindan aytish" va boshqa ma'nolarda keladi. Shuningdek bog'lovchilarga (sabab) qo'shilib, holat va ahvol ma'nosini beradi.

Fe'l o'zagi. <동작동사어간> (으)ㄹ 터이다(테다)

나 혼자 돌아갈 테다.
Men yolg'iz ketmoqchiman.

친구가 기다릴 텐데 빨리 가 보세요.
Do'stingiz kutayotgandir tez borib ko'ring.

밖이 추울 테니까 옷을 두껍게 입으세요.
Ko'cha sovuq bo'lgani uchun qalinroq kiyining.

좋은 사람 소개해 드릴 테니까 만나 보시겠습니까?
Yaxshi odam bilan tanishtirmoqchiman, uchrashasizmi?

이가 아플 텐데 치과에 가 보세요.
Tishingiz og'riyotgan bo'lsa kerak shifokorga uchrashing.

15) 바

Ushbu ot fe'ldan keyin qo'llaniladi, ish yoki usul ma'nosini beradi. O'zbek tiliga -gan ekan, deb tarjima qilish mumkin.

Fe'l o'zagi. <동작동사어간> ㄴ/ㄹ/은/는/을 바

내가 생각했던 바와는 다르다.
Men o'ylagandan boshqacharoq.

늦을 바에야 천천히 갑시다.
Baribir kechikkan ekanmiz sekin-sekin boramiz.

파티에 온 바에야 춤을 춰야지요.
Ziyofatga kelgan ekansiz, raqsga tushish kerak.

어찌할 바를 모르겠습니다.
Nima qilishni bilmayman.

그것은 그 사람 일이지 제가 알 바가 아닙니다.
Bu u odamning ishi meni bilishim shartmas.

16) 채

Ushbu otda obyekt avvalgi holatda (qanday bo'lsa shunday) qolishini bildiradi. O'zbek tiliga "-ganicha, ligicha"deb tarjima qilish mumkin.

Fe'l o'zagi.	<동작동사어간> (으)ㄴ 채
Ot	<의존명사> 채

어제는 피곤해서 앉은 채로 잠이 들었습니다.
Kecha charchaganimdan o'tirgancha uxlab qolibman.

그 사람은 눈을 감은 채 아무 이야기도 하지 않았습니다.
Bu odam ko'zini yumgancha hech narsa gapirmadi.

옷을 입은 채로 물에 들어갔습니다.
Kiyim kiygancha suvga kirdi.

인삼 한 채를 먹습니다.
Bitta jenshen yeyman.

이불 다섯 채를 샀다.
Beshta ko'rpa sotib oldim.

언덕에는 오막살이 한 채뿐이다.
Tepalikda faqat bitta kulba bor.

17) 무렵

Ushbu tuzilma (konstruktsiya) qandaydir ish-harakat yo holatning taxminiy vaqtda bo'lib o'tishini bildiradi (ifodalaydi). O'zbek tiliga vaqtlarda, vaqtda deb tarjima qilianadi.

Fe'l o'zagi.	<동작동사어간> (으)ㄹ 무렵
Ot	<명사> 무렵

내년 꽃이 필 무렵에 다시 만납시다.
Kelasi yil gullar ochilgan vaqtda qayta uchrashamiz.

아마 이 무렵이 그녀의 생일이었지요.
Taxminan shu vaqtlarda u qizning tug'ilgan kuni edi.

새벽에 나간 사람이 해 질 무렵에 들어왔습니다.
Tongda chiqib ketgan odam kun botar vaqti kirib keldi.

18) 겸

Ushbu birikma birgalikdagi bajarilgan ikki ish harakatning bildiradi. O'zbek tiliga "bir yo'la, bira to'la, birga, uchun, bo'lishi bilan birga" deb tarjima qilinadi.

> **Fe'l o'zagi.** <동작동사어간> (으)ㄹ 겸
> **Ot** <명사> 겸

친구의 안부도 물어볼 겸 전화를 했습니다.
Bira to'la do'stimning salomatligini so'rash uchun telefon qildim.

러시아어도 배울 겸 여기로 유학을 왔습니다.
Rus tilini o'rganish uchun ham bu yerga keldim.

돈도 벌 겸 취미도 살릴 겸 꽃가게를 시작했습니다.
Ham pul topish uchun ham qiziqqanim uchun gul do'kon ochdim.

그분은 시인 겸 문학평론가입니다.
U shoir bo'lishi bilan birga adabiy tanqidchi hamdir.

19) 탓

Ushbu birikma qandaydir harakat yoki holat sababini bildirib, u o'zbek tiliga sababli, uchun deb tarjima qilinadi.

> **Ot** <명사> 탓
> **Fe'l o'zagi.** <동사어간> 으(ㄴ) 탓이다

그는 과로한 탓으로 쓰러졌습니다.
U zo'riqqani sababli yiqilib tushdi.

모두 네 탓이야.
Hammasi men sababli bo'ldi.

잠을 많이 잔 탓에 머리가 아픕니다.
Judaham ko'p uxlaganim uchun boshim og'riyapti.

20) 만큼

Aniqlovchining darajasi va chegarasini anglatadi. O'zbek tiliga bu qo'shimcha ot bilan kelsa kabi, singari, -day, -dek fe'l o'zagiga qo'shilganda -guncha(-kuncha, -quncha), -gancha, -dagina, -gina deb tarjima qilinadi.

Ot <명사> 만큼	
Fe'l o'zagi. <동사어간> ㄴ/ㄹ/은/을 만큼	

시간만큼 중요한 것은 없습니다.
Vaqt kabi muhim narsa yo'q.

이사하는 일만큼 귀찮은 일은 없습니다.
Boshqa joyga ko'chishdek dahshatli ishning o'zi yo'q.

먹을 만큼 먹어라.
Yeya olganingcha ye.

눈물이 나올 만큼 웃겨요.
Ko'z yoshi chiqquncha kuladi.

하늘만큼 땅만큼 당신을 사랑합니다.
Seni osmon kabi, yer kabi sevaman.

06 Olmosh (대명사)

BOB

Olmoshlari tushunchasi (대명사의 개념)

Kishilik olmoshi faqat shaxs o'rnida qo'llaniladi. Uning ko'plik va birlik ot, sifat, son, ravish kabi so'z turkumlari o'rnida qo'llanilib, ularni ko'rsatishga xizmat qiluvchi vazifani bajaruvchi so'z turkumi olmosh deyiladi. Olmoshlarning ko'pchiligi alohida olinganda juda umumiy mavhum ma'noga ega bo'ladi. Koreys tilida kishilik (인칭대명사), ko'rsatish (지시대명사), so'roq (의문대명사), egalik (소유대명사) olmoshlari mavjud.

Kishilik olmoshlari (인칭대명사)

Kishilik olmoshi faqat shaxs o'rnida qo'llaniladi. Uning ko'plik va birlik shakllari o'zaro farqlanadi. Koreys tilida kishilik olmoshlarining eng muhim xususiyati hurmat shakllari quyidagi jadvalda ko'rsatilgan.

인칭 (shaxs)	계층 (daraja)	단수 (birlik)	복수 (ko'plik)
1인칭 (I shaxs)	예사말 (oddiy shakl)	나 (men)	우리(들) (bizlar)
	낮춤말 (oddiy va kamtarona shakl)	저 (men)	저희(들) (bizlar)
2인칭 (II shaxs)	예사말 (oddiy shakl)	너 (sen, siz)	너희(들) (sizlar)
	높임말 (ehtirom(hurmat) shakli)	당신 (siz)	당신(들)

73

3인칭 (III shaxs)	예사말 (oddiy shakl)	이/그/저 사람	이/그/저 사람들 (ular)
	높임말 (ehtirom(hurmat) shakli)	이분/그분/저분 (u kishi)	이/그/저 사람들 (u kishilar)

(7 jadval)

I-shaxsda hurmat shakli 높임말

II-III-shaxslarda 낮춤말 (kamtarlikni ifodalovchi shakl bo'lmaydi)

Eslatma

나 + 가 = 내가	저 + 가 = 제가	너 + 가 = 네가
나 + 의 = 내	저 + 의 = 제	너 + 의 = 네
나 + 에게 = 내게	저 + 에게 = 제게	너 + 에게 = 네게

너는 내 시계가 어디에 있는지 아니?

Sen mening soatimni qayerda ekanligini bilasanmi?

제가 다시 말씀드리겠습니다.

Men sizga qayta aytib beraman.

가족 모두는 저에게 소중한 사람들입니다.

Barcha oila a'zolarim menga qadrli kishilar.

그분에게 다시 전화하십시오.

U kishiga yana telefon qiling.

나는 외국어 대학교를 졸업했습니다.

Men jahon tillari universitetini tugatganman.

이, 그, 저 ko'rsatish olmoshlari alohida qo'llanilmaydi. 이 ko'rsatish olmoshi so'zlovchiga yaqin bo'lgan buyum, joy va hokazolarni ko'rsatsa, 그 olmoshi esa so'zlovchi va tinglovchidan uzoqda turgan narsani, 저 olmoshi esa so'zlovchiga ham, tinglovchiga ham uzoq bo'lgan narsa, joy va hokazolarni ifodalaydi. Ko'rsatish olmoshi obyektga qaramligiga qarab, ya'ni ko'rsatishiga ko'ra yana guruhlarga bo'linadi.

1) Buyum-narsalarni ko'rsatish olmoshlari

종류 (tur)		근칭 (yaqin joy)	중칭 (o'rta masofa)	원칭 (uzoq joy)
형태 (shakl)	단수 (birlik)	이것	그것	저것
	복수 (ko'plik)	이것들	그것들	저것들

8 jadval

Eslatma

Ushbu olmosh kelishik qo'shimchalari bilan qo'shilganda qisqargan shaklda bo'lishi mumkin:

이것이 → 이게	이것은 → 이건	이것을 → 이걸
그것이 → 그게	그것은 → 그건	그것을 → 그걸
저것이 → 저게	저것은 → 저건	저것을 → 저걸

바로 그것이 (그게) 제가 찾던 사진입니다.
Aynan mana shu men izlayotgan rasm.

그것은 (그건) 새로 나온 잡지입니다.
Bu yangi chiqqan jurnal.

이것들은 모두 제가 좋아하는 노래들입니다.
Bularning hammasi men yoqtiradigan qo'shiqlar.

2) Joyni ko'rsatish olmoshi

Bu olmoshlar joyni ko'rsatadi.

종류 (tur)		근칭 (yaqin joy)	중칭 (o'rta masofa)	원칭 (uzoq joy)
형태 (shakl)		여기	거기	저기
		이곳	그곳	저곳

(9 jadval)

Eslatma

Ushbu olmoshga qo'shimchalar qo'shilganda qisqargan shaklda kelishi mumkin.

여기는 → 여긴	거기는 → 거긴	저기는 → 저긴
여기를 → 여길	거기를 → 거길	저기를 → 저길

여기는 (여긴) 우리의 동방 대학교입니다.
Bu bizning Toshkent davlat sharqshunoslik universitetimiz.

저기는 (저긴) 제가 어릴 때 살았던 집입니다.
Anavi men yoshligimda yashagan uy.

거기에 무엇이 있습니까?
U yerda nima bor?

4 So'roq olmoshlari (의문대명사)

So'roq olmoshlari predmet, uning belgisi va miqdori, ish-harakatning o'rni, payti va boshqa xususiyatlari haqidagi so'roq mazmunini bildiradi.

의문의 대상 (so'roq ob'ekti)	사람 (odam)	장소 (son)	양 (son)	사물 (narsa)
형태 (shakl)	누구	어디	얼마	무엇

(10 jadval)

→ 누구 va 아무 kishilik olmoshlari ravish ham bo'la oladi. 아무 olmoshi bo'lishsiz kishilik olmoshidir.

Eslatma

Ushbu olmoshlarga qo'shimchalar qo'shilganda qisqargan shaklda kelishi mumkin.

누구 + 가 = 누가	무엇 + 이/가 = 뭐가
누구 + 를 = 누굴	무엇 + 을 = 뭘

얼마나 더 기다리면 표를 살 수 있습니까?
Yana qanchalar kutsam bilet sotib olishim mumkin?

공원에서 누구를 만났습니까?
Istirohat bog'ida kimni uchratding?

어디에서 전시회가 열립니까?
Ko'rgazma qayerda ochildi?

당신에게 무엇이 필요합니까?
Sizga nima kerak?

그 집에는 아무도 살지 않습니다.
U uyda hech kim yashamaydi.

07 Son (수사)

1   Son tushunchasi (수사의 개념)

Sonlar mustaqil ma'noli tobe so'zlardan iborat bo'lib, predmetning miqdorini va tartibini ko'rsatadi. Qancha, necha, nechanchi? kabi so'roqlarga javob bo'ladi. Koreys tilida sonlar qadimdan koreys va xitoy tilidan o'zlashgan sonlariga bo'linadi. Ularning qo'llanish usullari turlichadir. Masalan: soatni aytganda koreyscha sonda, daqiqani aytganda xitoy sonlaridan foydalaniladi, yoshni aytganda koreyscha sonda, yil, oy, kun sanalarni aytganda xitoy sonlari ishlatiladi. Narsa, buyumlarni donalab aytganda 100 gacha koreys sonida, 100 dan oshgach xitoy sonidan foydalaniladi.

Sonlar ma'no xususiyatiga va grammatik belgilariga ko'ra ikkiga bo'linadi:
1. Miqdor son (기수사), 2. Tartib son (서수사) tuzilishiga ko'ra sodda va qo'shma sonlarga ajratiladi. Sodda sonlar bir o'zakdan iborat bo'ladi: 하나, 둘, 셋, 넷 (일, 이, 삼, 사). Qo'shma sonlar ikki va undan ortiq o'zakdan iborat bo'ladi: 이십, 삼십, 사백.

1 Qadimgi koreys sonlari

1) Miqdor sonlar narsaning miqdorini sanash yo'li bilan aniqlaydi. Miqdor sonlar sanalishi mumkin bo'lgan har qanday narsani miqdorini ko'rsatadi.

1	하나	bir	20	스물	yigirma
2	둘	ikki	30	서른	o'ttiz
3	셋	uch	40	마흔	qirq
4	넷	to'rt	50	쉰	ellik
5	다섯	besh	60	예순	oltmish
6	여섯	olti	70	일흔	yetmish
7	일곱	yetti	80	여든	sakson
8	여덟	sakkiz	90	아흔	to'qson
9	아홉	to'qqiz	99	아흔아홉	to'qson to'qqiz
10	열	o'n	100	백	yuz

100 gacha bo'lgan hisob sonlar koreyscha, 100 dan katta bo'lgan sonlar xitoy tilidan o'zlashgan hisob sonlarda yoziladi.

2) Bu sonlarni ifodalashda sanoq so'z bo'lib kelgan o'zlashma so'zlardan foydalaniladi. Bunday vaqtda to'rtta raqam 하나, 둘, 셋, 넷 – 한, 두, 세, 네 deya o'zgaradi.

→ Koreys tilida son, sanoq so'zlar aniqlanmishdan keyin qo'yiladi.

우유 한 잔　　　bir stakan sut
물 두 컵　　　　ikki stakan suv
국 여섯 그릇　　olti kosa sho'rva
꽃 다섯 송이　　besh dona gul

Bir vaqtning o'zida ikki va undan ortiq sonlar turlicha qo'llaniladi.

양복 한두 벌   ikki juft kostyum shim

강아지 서너 마리   uch-to'rtta kuchukcha

2 Xitoy tilidan o'zlashgan miqdor sonlar

Quyidagi sonlar xitoy tilidan o'zlashgan miqdor sonlar bo'lib, ular alohida o'qiladi.

1	일	bir	9	구	to'qqiz
2	이	ikki	10	십	o'n
3	삼	uch	20	이십	o'n bir
4	사	to'rt	100	백	yuz
5	오	besh	1,000	천	ming
6	육	olti	10,000	만	o'n ming
7	칠	yetti	1,000,000	백 만	yuz ming
8	팔	sakkiz	10,000,0000	천 만	ulkan miqdor

Koreys va xitoy sonlari o'zining turlicha qo'llanilishiga ega. Masalan: ular yil, oy, kun, bo'lak ma'nosini bildirgan son va sanoq so'zlar bilan qo'llanadi.

2005년 3월 15일 (이천오년 삼월 십오일)   ikki ming beshinchi yil o'n beshinchi mart

20쪽 (이십 쪽)   20 bo'lak

600g (육백 그램)   600 gramm

15km (십오 킬로미터)   15 kilometr

3인분 (삼 인분)   3 portsiya

Eslatma

Vaqtni aytish soat, yosh, narsalarning hisobi koreys sonlarida, daqiqa, yil, oy, kun sanalar xitoy sonlarida aytiladi.

2시 15분 (두 시 십오 분)   ikkidan o'n besh daqiqa o'tdi

7시 30분 (일곱 시 삼십 분(반))   yettidan o'ttiq daqiqa o'tdi (yetti yarim bo'ldi)

12시 45분 (열두 시 사십오 분)   (o'n ikkidan qirq besh daqiqa o'tdi) bu vaqtda

하나 → 한 시

둘   → 두 시

셋   → 세 시

넷   → 네 시

Yuqorida keltirilgan raqamlar qisqartirib beriladi.

3 Tartib son (서수사)

1) Qadimgi koreys tartib sonlari tuzilishiga ko'ra <u>tartib son</u> + (번)째 qo'shiladi. Bunda 하나(한) raqami 첫 bilan almashadi. To'rtta raqam esa o'zgaradi.

첫 (번)째	birinchi	다섯(번)째	beshinchi
두(번)째	ikkinchi	여섯(번)째	oltinchi
세(번)째	uchinchi	스무(번)째	yigirmanchi
네(번)째	to'rtinchi	마흔(번)째	qirqinchi

2) Xitoy tilidan o'zlashgan tartib sonlar

제일	birinchi	제사	to'rtinchi
제이	ikkinchi	제십	o'ninchi
제삼	uchinchi	제백십이	bir yuz o'n ikkinchi

저희 집은 골목 첫 번째 집입니다.
Bizning uyimiz tor ko'chaning 1-xonadonidir.

이 책은 세 번째 읽는 책입니다.
Bu o'qiyotgan kitobimning uchinchisi.

오늘은 제7과를 공부하겠습니다.

Bugun 7-darsni o'rganamiz.

저기 앞에서 여섯 번째 자리가 내 자리입니다.

Anavi oldindagi 6-joy meniki.

3) Koreys sonlarida oy-kunlari quyidagicha bo'ladi.

1일	하루	bir kun	10일	열흘	o'n kun
2일	이틀	ikki kun	11일	열하루	o'n bir kun
3일	사흘	uch kun	12일	열이틀	o'n ikki kun
4일	나흘	to'rt kun	21일	스무하루	yigirma bir kun
5일	닷새	besh kun	22일	스무이틀	yigirma ikki kun
6일	엿새	olti kun	23일	스무사흘	yigirma uch kun
7일	이레	yetti kun	27일	스무이레	yigirma yetti kun
8일	여드레	sakkiz kun	29일	스무아흐레	yigirma to'qqiz kun
9일	아흐레	to'qqiz kun	30일	그믐	o'ttiz kun

초하루 va 그믐 oyning birinchi va oxirgi kunini bildiradi.

Shuningdek, oyning 15-kuni 보름 deb aytiladi.

Koreys tilida sanoq so'zlar ko'p uchraydi

나무	그루	ta	개, 고양이 (동물)	마리	bosh
파, 꽃	묶음	bog'lam, dasta	종이	장	qog'oz – varoq
커피, 물	잔	suyuqlikka (stakan)	자동차	대	(og'ir narsaga)
책	권	kitob (dona)	양말	켤레	paypoq (juft)
연필, 볼펜	자루	qalam (dona)	양복 (옷)	벌	kiyim komplekt
투입	송이	gullar uchun dona	음식	분	quyuq ovqatlar uchun
음식	그릇	chuqur idish (ovqat uchun)	집	채	uy (bitta)
배	척	kema (bitta)	편지	통	xat (bitta)
포도	근	uzum (bosh)	꽃	다발	gul (dasta)
연필	다스	12 dona qalam	방	칸	xona (bitta)

소 두 마리	ikki bosh mol
꽃(열쇠) 한 다발	bir dasta gul/kalit
물을 두 잔 마시다	ikki stakan suv ichmoq
책 한 권	bitta kitob
양복 두 벌	ikki juft kostyum
배 한 척	bitta kema
맥주 한 병	bir idish pivo

Frazema: Sifat, Fe'l

| 용언: 동사, 형용사 |

(Predikativ gap bo'laklari)

Bu guruh so'zlar, gapdagi subyektni ifodalaydi va tuslanadi. Bu guruhga fe'l hamda sifat kiradi. Predikativ gap bo'laklari holat orqali aniqlanadi. Fe'llar harakat ma'nosini ifodalaydi. Fe'l predmet bilan bog'lanib, uning harakatini, aktiv holatini anglatadi.

Fe'l anglatgan harakat va holatning obyektga munosabati turlicha. Bir xil fe'llar harakatning biror narsaga o'tganligini bildiradi. Ba'zi fe'llar esa harakatning predmet-obyektga o'tmaganligini bildiradi, ular tushum kelishigidagi so'zni boshqarmaydi. Fe'llar harakat va holatning predmet-obyektga munosabatiga qarab ikki turga bo'linadi:

1) o'timli fe'llar (타동사)
2) o'timsiz fe'llar (자동사)

O'timsiz fe'llarga "yugurmoq (뛰다), yayov yurmoq (걷다), bormoq (가다), o'ynamoq (놀다), yashamoq (살다)" kabi fe'llar misol bo'la oladi. O'timli fe'llarga esa, "tutmoq (잡다), bosmoq (누르다), yondirmoq (태우다), olib chiqmoq (건지다)" kabi fe'llar misol bo'la oladi.

Sifat esa, predmetning rangi, hajmi, shakli, maza-ta'mini, xarakterini, o'rin-vaqtga munosabatini anglatadi. "고요하다, 달다 (shirin), 예쁘다 (chiroyli), 향기롭다" kabi fe'llar sifatga misol bo'la oladi. Bunday fe'llar asosan predmetning sifati va holatini anglatib, "subyektiv fe'llar" hisoblanadi. "이러하다 (bunday), 그러하다 (shunday), 저러하다 (ana unday)" kabi fe'llar esa, ko'rsatuv sifatlari hisoblanib, olmosh kabi holatni ifodalaydi.

Koreys tilida predikativ fe'llarning o'ziga xos xususiyatlari shuki, ular gapdagi vazifasiga qarab holatini o'zgartiradi. Bunday fe'llarning o'zgarmas qismife'lning asosiy (어간), uning oxiriga birikkan qismi esa qo'shimcha (어미) hisoblanadi. Masalan: 가다 (bormoq), 가면 (borsam), 간 (borgan) da fe'l asosiga turli xil qo'shimchalarning qo'shilishini "tuslanish" (활용) deb ataymiz. Bunda biz 가다 ning "tuslanishi" deb aytadi. Turli xil qo'shimchalar o'rnida doim qo'llanuvchi "–다" qo'shimchasi fe'lning noaniq shakli, yoki fe'lning infinitiv shakli deb yuritiladi. Fe'llarning bunday shakllari lug'atlarda o'z ifodasini topadi.

Predikativ gap bo'laklari tuslanganda fe'l asosi yoki qo'shimchalarning ko'rinishi o'zgarishi holatlari ham kuzatiladi. Masalan, 짓다 (qurmoq) fe'lining tuslanishiga ahamiyat beradigan bo'lsak, u quyidagicha tuslanadi: '짓고, 짓지, 지어, 지어서'. Bunday hollarda fe'l asosining o'zgarganligini ko'rishimiz mumkin. Bunday fe'llar koreys tilida "noto'g'ri fellar" (불규칙 용언) deb yuritiladi.

Koreys tilida qo'shimchalar ikkiga bo'linadi: tugallanma (어말어미) va oxirgi qo'shimcha (선어말어미).

Oxirgi qo'shimchaga yana tugallanma qo'shimcha, bog'lovchi qo'shimchalar birikadi. Tugallanma qo'shimcha esa gapni tugatadi, unga darak, undov, so'roq, buyruq va his-hayajonni ifodalagan gaplar misol bo'ladi.

<가시었겠고>

가–	–시– –었– –겠–	–고
어간	선어말어미	어말어미

Qo'shimchalar ichida "oxirgi qo'shimcha" (선어말어미):

hurmat shaklini ifodalagan qo'shimchaga (종결어미),

bog'lovchi qo'shimchaga (연결어미),

hamda transformatsion (o'zgaruvchan) qo'shimchalarga (전성어미) ajraladi.

08 BOB Fe‘l (동사)

1 Fe‘lning ma‘nosi va grammatik belgilari (동사의 개념)

Predmetning ish-harakatini jarayon tarzidagi holatini anglatuvchi so‘zlar fe‘l deyiladi. Ular gapda ko‘pincha kesim vazifasida kelib turli zamonlarni oladi. Koreys tili ham fe‘llar (동사) tuslanishiga ko‘ra to‘g‘ri tuslanuvchi va noto‘g‘ri tuslanuvchi fe‘llarga bo‘linadi. Ma‘no xususiyatiga ko‘ra asosiy va yordamchi fe‘llarga bo‘linadi. Asosiy fe‘llar faqat o‘z ma‘nosida keladi, ko‘makchi fe‘llar esa odatda asosiy fe‘lga qo‘shilib qo‘shimcha garmmatik ma‘no beradi. Ular “bajarilish jarayoni, takroriylik, davomiylik, boshlanish” kabilardir. Bunday analitik shakllar 2ga bo‘linadi:

1. ko‘makchi fe‘lli analitik shakl;
2. to‘liqsiz fe‘lli analitik shakl.

Fe‘lning noaniq shakli infinitivda fe‘l o‘zagiga -다 qo‘shilgan bo‘ladi.

1 Faol fe‘llar (동작동사)

Predmet yo shaxsning harakatini bildiradi.

아이들이 과자를 먹습니다.
Bolalar pishiriq yeyapti.

나는 그녀를 사랑합니다.
Men uni yaxshi ko‘raman.

그 아기는 잠을 잡니다.
U bola uxlayapti.

지금 집에 갈 겁니다.
Hozir uyga ketaman.

친구를 만납니다.
Do'stim bilan uchrashaman.

회사에 다닙니다.
Firmada ishlayman.

2 **"있다, 없다" 동사 to'liqsiz fe'l**

있다 fe'li mavjudlik, borlikni va egalik ma'nosini ifodalaydi. 있다 fe'li gap mazmuniga qarab sof fe'l sifatida buyruq va darak shaklida kelishi mumkin. Lekin ba'zan 있다 va 없다 shakli sifat bo'lib kelishi mumkin. Ushbu ikkala fe'l o'zaro antonim hisoblanadi. 계시다 fe'li 있다 ning hurmat shakli hisoblanadi.

식탁에 그릇이 놓여져 있다.
Stolda tovoq turibdi.

그는 영화를 보고 있습니다.
U kinoni ko'rib turibdi.

부모님이 집에 계십니다.
Ota-onam uydalar.

저는 오빠가 없습니다.
Mening akam yo'q.

아이가 밖에서 놀고 있습니다.
Bolakay tashqarida o'ynayapti.

Fe'l o'zagi + qo'shimcha, bunda o'zgarmas tuslanuvchi qism - o'zak, o'zgaruvchi qism - qo'shimcha. Qo'shimcha o'zakka qo'shilib grammatik munosabatni aniqlashni ifodalaydi. Bu tuslanish deyiladi.

Fe'llarning tuslanishi o'z xususiyatiga ko'ra quyidagi ko'rinishlarga bo'linishi mumkin.

1) Kesimning tugallanuvchi shaklining tuslanishi. Kesimning tugallanuvchi shakli gap turiga qarab aniqlanadi.

사과를 먹는다.	Olma yeyapman.	(darak gap 평서문)
사과를 먹니?	Olma yeysanmi?	(so'roq gap 의문문)
사과를 먹어라.	Olma ye.	(buyruq gap 명령문)
사과를 먹자.	Olma yeylik.	(taklif gap 청유문)
사과를 먹는구나!	Olma yeyman!	(his-hayajon gap 감탄문)

2) **Bog'lovchi qo'shimchalarning tuslanishi**

Bog'lovchi qo'shimchalar keyingi gap yoki so'zni bog'lab keladi.

봄이 오면 꽃이 핀다.
Bahor kelsa, gullar ochiladi.

가수는 노래를 부르고 춤을 춘다.
Qo'shiqchi qo'shiq kuylab, raqs tushayapti.

3) Ot shakl qo'shimchalarining o'zgargan turlanishi, boshqa so'z turkumlaridan yasalgan otlarning turlanishi.

과자 먹기를 싫어하는 아이도 있다.
Shirinlik yeyishni yoqtirmaydigan bola ham bor.

행복은 결코 풍족함이 아니다.
Baxt hech qachon yetarli bo'lmaydi.

사람 사귀기가 쉽지 않다.
Odam bilan do'stlashish osonmas.

4) Sifatdosh qo'shimchasi boshqa so'z turkumlaridan tarkib topgan aniqlovchi vazifasida kelgan so'zlarning tuslanishi.

이것은 내가 읽을 책이다.
Bu men o'qimoqchi bo'lgan kitob.

내가 먹던 사과를 못 보았습니까?
Men tishlagan olmani ko'rmadingmi?

오늘은 할 일이 많다.
Bugun qiladigan ishim ko'p.

5) Ot-kesim kelishigi qo'shimchasi (서술격조사 -이다)

Bu qo'shimcha gap tugallanishida keladigan ot-kesimga qo'shiladi va fe'lning har uchala zamonida tuslanadi.

이것은 나의 피아노입니다.
Bu mening pioninam.

이것은 누구의 만년필입니까?
Bu kimning avtoruchkasi?

이 집은 2년동안 살았던 집이었습니다.
Bu men ikki yil yashagan uy.

6) Fe'l o'zak va qo'shimchadan tashkil topadi. Fe'l o'zagi va oxirgi qo'shimcha orasida gapda turlicha grammatik vazifalarni bajaruvchi 선어말어미 (oraliq qo'shimcha) mavjud. So'zning oxirgi qo'shimchasi 어말어미 dan oldin keluvchi 선어말어미 ni so'zning kategoriyal shakl yasovchi deb ataymiz. Bu shakl yasovchilar hurmat darajalari va vaqtni ifodalaydi.

Eslatma

Koreys tilidagi 선어말어미 suffiks emas o'zak va qo'shimcha orasidagi morfemadir. Qo'shimcha turlari 11 jadval.

종류 (tur)	형태 (shakl)	기능 (xususiyat)	동사 (fe'lga misollar)
시제 선어말어미 (vaqt qo'shimchalari)	–는–/–ㄴ–	현재 (hozirgi zamon)	먹는다, 잔다
	–았–/–었–	과거 (o'tgan zamon)	먹었다, 잤다
	–더–	과거 회상 (o'tgan zamon hikoya fe'li)	먹더라, 자더라
	–겠–	미래 (kelasi zamon)	먹겠다, 자겠다
높임 선어말어미 (hurmat qo'shimchasi)	–(으)시–	주체 높임 (subyektga hurmat)	보시다, 가시다
	–옵–	공손 (ehtirom va kamtarlik)	보시옵고, 가시옵고

11 jadval

선생님께서 부르신다.

O'qituvchi chaqirayapti.

내일 다시 오겠습니다.

Ertaga yana kelaman.

부르	시	ㄴ	다
어간 o'zak	높임 선어말어미	현재시제 선어말어미	어말어미 oxirgi qo'shimcha

12 jadval

오	겠	습니다
어간	미래시제 선어말어미	어말어미

13 jadval

3 To'g'ri va noto'g'ri fe'llar (규칙동사와 불규칙동사)

Noto'g'ri fe'llar turli qo'shimchalar olib tuslanganda o'zgarishi mumkin. Umumiy fonologiya qonunlariga ko'ra, tushuntirish mumkin bo'lgan to'g'ri va noto'g'ri fe'llar.

<to'g'ri fe'llar (규칙동사)>

Fe'l tuslanishi	먹다	보다	밟다	읽다
–고	먹고	보고	밟고	읽고
–게	먹게	보게	밟게	읽게
–지	먹지	보지	밟지	읽지
–어/–아	먹어	보아/봐	밟아	읽어

(14 jadval)

1 To'g'ri fe'llarning yasalishi (규칙동사 활용)

To'g'ri fe'llar ikki xil usulda yasaladi. 1) qo'shma so'z, 2) yasama so'z orqali.

1) **Qo'shma fe'llar (복합어) quyidagicha yasaladi**

① 명사 + 동사 (주어 + 서술어): 힘들다, 빛나다, 겁나다, 멍들다

② 명사 + 동사 (목적어 + 서술어): 본받다, 힘쓰다, 둥지다, 선보다, 아우보다

③ 명사 + 동사 (부사어 + 서술어): 앞서다, 뒤서다, 마을가다, 거울삼다

④ 동사 활용형 + 동사: 돌아가다, 갈아입다, 알아듣다, 파고들다, 타고나다

⑤ 동사 어간 + 동사: 굶주리다, 뛰놀다, 부르짖다

⑥ 부사 + 동사: 가로막다, 잘되다, 그만두다

2) **Yasama fe'llar (파생동사)**

① -이/히/리/기-: 쓰이다, 막히다, 잘리다, 빼앗기다

② -이/히/리/기/애/우/구/추-: 먹이다, 굳히다, 울리다, 웃기다, 없애다, 지우다, 세우다, 돋구다, 낮추다

③ -거리-(-대-): 덜렁거리다(덜렁대다), 덤벙거리다(덤벙대다), 구물대다

④ -이-: 끄덕이다, 깜박이다, 뒤척이다, 서성이다, 들먹이다

2 To'g'ri fe'llarning tuslanishi (불규칙동사 활용)

1) Tuslanishda o'zak yoki qo'shimchalar o'zgaradi. Bu -ㄹ va ㅇ harflarining tushib qolish natijasida yuz beradigan hodisadir. Biroq bu hodisa ularni noto'g'ri fe'l deya talqin qilishga asos bo'la olmaydi.

① ㄹ harfining tushishib qolishi (ㄹ 탈락)

Qaysi fe'l o'zagi ㄹ bilan tugasa, ㄴ, ㅂ, ㅅ oldidan ㄹ harfi tushib qoladi.

동사 \ 어미	-ㅂ니다	-세요	-는
만들다	만듭니다	만드세요	만드는
놀다	놉니다	노세요	노는
알다	압니다	아세요	아는
팔다	팝니다	파세요	파는
들다	듭니다	드세요	드는
살다	삽니다	사세요	사는
열다	엽니다	여세요	여는

(15 jadval)

이분은 제가 아는 사람입니다.
Bu kishi mening tanishim.

음식 만드는 걸 좋아합니다.
Ovqat tayyorlashni yaxshi ko'raman.

나의 형은 음악을 듣습니다.
Akam kuy eshitayapti.

나는 지금 이 집에 삽니다.
Men hozir shu uyda yashayman.

재미있게 노세요.
Maza qilib o'ynanglar.

② O'zakdagi 으 harfining tushishib qolishi (으 탈락)

동사	어미 어/아
쓰다	써
뜨다	떠
치르다	치러
들르다	들러

16 jadval

어제는 친구에게 편지를 썼어요.
Kecha o'rtog'imga xat yozdim.

내일은 내 집에 들러주세요.
Ertaga mening uyimga kirib o'ting.

불을 꺼 주세요.
Chiroqni o'chiring.

③ Bog'lovchi 으 unlisining ortishi (으 삽입)

Agar fe'l (ㄹ dan boshqa) undosh bilan tugagan bo'lsa, o'zakdan keyin
qo'shiladigan -ㄴ, -ㄹ, -며, -시 va boshqa qo'shimchalar oldidan 으 harfi
qo'shiladi.

동사 \ 어미	-ㄴ	-ㄹ	-며	-시
먹다	먹은	먹을	먹으며	먹으시며
잡다	잡은	잡을	잡으며	잡으시며
받다	받은	받을	받으며	받으시며
막다	막은	막을	막으며	막으시며

17 jadval

어제 먹은 김밥이 아주 맛있어요.
Kecha yegan kimpapim juda shirin ekan.

내일 받을 걸 저에게 가져 왔습니다.
Ertaga oladigan narsangni menga olib kel.

기회를 잡으면 꼭 한국에 갑니다.
Shu imkoniyatdan foydalansam, albatta, Koreyaga ketaman.

2) **Noto'g'ri fe'llar 불규칙동사**

fe'lning tuslanishi	걷다	짓다	덥다	푸르다	이르다
-고	걷고	짓고	덥고	푸르고	이르고
-게	걷게	짓게	덥게	푸르게	이르게
-지	걷지	짓지	덥지	푸르지	이르지
-어/아	걸어	지어	더워	푸르러	이르러

(18 jadval)

➜ Keyingi boblarda bularga alohida to'xtalamiz.

---

4 Asosiy va yordamchi fe'llar (본동사와 보조동사)

Asosiy fe'l alohida holda mustaqil ma'no bera oladigan (predikativ vazifasida qo'llaniladigan) fe'ldir. Yetarli mustaqillikka ega bo'lmagan asosiy fe'lga yordamchi ma'no beradigan fe'l yordamchi fe'l deb ataladi.

주소를 적어 두다.
Manzilgohni yozib qo'ymoq. (두다 yordamchi, 적다 asosiy fe'l)

빵을 먹고 싶다.
Non yemoqchiman. (싶다 yordamchi fe'l)

그는 밖으로 나가 버렸다.
U ko'chaga chiqib ketdi. (버리다 yordamchi fe'l)

Yasalmaydigan tarixiy fe'llar mavjud. Shuningdek, affiksiatsiya va kompozitsiya yoxud qo'shish usuli bilan yasaladigan fe'llar ham bor.

1 **Old go'shimchasi yordamida yasaladigan fe'llar (파생동사)**

드 + 높다 = 드높다
(old qo'shimcha. - juda) + baland = bahaybat

들 + 끓다 = 들끓다
(old qo'sh. - kuchli) + qaynamoq = kuchli qaynamoq

얕 + 보다 = 얕보다
(old qo'sh. - yuqoridan) + qaramoq = yuqoridan qaramoq

엿 + 듣다 = 엿듣다
(old qo'sh. - ostida) + tinglamoq = yashirincha echitmoq

짓 + 밟다 = 짓밟다
(old qo'sh. - kuchli) + bosmoq = oyoq osti qilmoq

빗 + 나가다 = 빗나가다
(old qo'sh. - qiya, egri) + chiqmoq = qiyalab chiqmoq

드높은 가을 하늘에 기러기가 날아간다.
Baland kuz osmonida turnalar uchib ketmoqda.

시장은 많은 사람들로 들끓는다.
Bozor ko'p odamlar bilan qaynamoqda.

어린애라고 얕보지 마세요.
Yosh bola deb yuqoridan qaramang.

낮말은 새가 엿듣고 밤말은 쥐가 엿듣는다.
Kunduzgi gapni qush eshitsa, tunnikini sichqon eshitadi.
(Ehtiyot bo'l devorni ham qulog'i bor.)

잔디를 짓밟지 맙시다.
Maysalarni bosib tashlamaylik.

2 Qo'shma fe'l (합성동사)

Qo'shma fe'l deb ikki va undan ortiq fe'llarning qo'shilishi natijasida yasaladigan va bitta ma'noni anglatadigan fe'llarga aytiladi.

오다 + 가다 = 오가다
kelib ketmoq

오르다 + 내리다 = 오르내리다
ko'tarilib tushmoq

열다 + 닫다 = 여닫다
ochib yopmoq

기다 + 가다 = 기어가다
ekin bormoq

뛰다 + 가다 = 뛰어가다
sakrab bormoq

사람들의 정이 오간다.
Odamlar kelib-ketishga o'rganib qolishgan.

아파트를 매일 걸어서 오르내린다.
Har kuni yuqori qavatli uyga chiqib tushaman.

문을 여닫을 때는 시끄러운 소리가 나지 않도록 해주세요.
Eshikni ochib yopishda, shovqin qilmaslikka harakat qiling.

아이들이 운동장으로 뛰어간다.
Bolalar sport maydonchasiga yugurib ketyaptilar.

1 Kesimning oxirgi (tugallovchi) shakllari (종결어미)

Kesimning oddiy shakldagi tugallovchi qo'shimchalar gapning turiga ko'ra beshga bo'linadi. Shuningdek gapdagi tobe kesimning oxirgi qo'shimchasi ham 5 ga bo'linadi.

유형 (gap turi)	동사어간 + 종결어미 (F, O' + kesim tug. qo'sh)	예 (misollar)
평서문 (darak gap)	F,O' (동사어간) + ㄴ다	먹는다, 잔다
의문문 (so'roq gap)	F,O' (동사어간) + 니	먹니, 자니
명령문 (buyruq gap)	F,O' (동사어간) + 아라/어라	먹어라, 자라
청유문 (taklif gap)	F,O' (동사어간) + 자	먹자, 자자
감탄문 (his-hayajon gap)	F,O' (동사어간) + ㄴ(는)구나	먹는구나, 자는구나

19 jadval

매일 아침 운동을 한다.
Har kuni ertalab sport bilan shug'ullanaman.

화실에서 그림을 그린다.
Rassomchilik xonasida rasm chizilayapti.

노래 부르니?
Qo'shiq kuylaysanmi?

노래 불러라.
Qo'shiq kuyla.

노래 부르자.
Qo'shiq kuylaylik.

노래 부르는구나!
Qo'shiq kuylaymiz!

Fe'l o'zagi.

Bu shakllarning barchasi oddiy shakl bo'lib bunda yosh bolalar, tengdoshlar, ba'zan yoshi kattalar ham kichkinalarga nisbatan qo'llaniladi.

Kesimning tugalovchi qo'shimchalari gapning turiga qarab turlicha tuslanadi va ikki xil ko'rinishda (격식체, 비격식체) bo'ladi.

담화계층 (nutq uslubi)	종결어미	평서문	의문문	명령문	청유문	감탄문
격식체 (idoraviy uslub)	높임말	–습니다, –ㅂ니다, 합니다	–습니까, –ㅂ니까, 합니까	–(으)십시오, 보시오, –세요	–ㅂ시다, 합시다	
	예사말	–네	–나, –는가	–게	–세	–구나
	낮춤말	–는다, –다	–니, –(하)느, 하니,–지	–어라, 아라	–자	–구면
비격식체 (noidoraviy uslub)	높임말	–아(어, 여)요				
	낮춤말	–아(어, 여)				

(20 jadval)

Hurmatni ifodalovchi shakllardan ko'proq rasmiy, kitobiy va badiiy uslublarda foydalaniladi.

나는 사랑하는 사람과 함께 있는 것을 좋아합니다.
Men sevadigan odamim bilan birga bo'lishni yaxshi ko'raman.

전 어려운 걸 잊어버리지 않습니다.
Men qiyinchilikni unutmayman.

오늘 수업이 몇 시에 끝나니?
Bugun dars nechada tugaydi?

지갑을 두고 왔는데 어떻게 하지요?
Hamyonimni unutib kelaveribman?

사나트 박물관에 가 보세요.
San'at muzeyiga borib ko'ring.

수업 후에 식당으로 갑시다.
Darsdan keyin oshxonaga boramiz.

금수강산이 얼마나 아름답습니까!
Kyemsukang tog'i qanchalar go'zal!

1 Fe'llarning sifatdosh shakllari (관형사형 전성어미)

Sifatdosh fe'lning vazifadosh shakllaridan biri bo'lib, narsaning harakat va holat belgisini ko'rsatadi, odatda sifatlovchi vazifasida keladi.

<Sifatdoshning belgilari va turlari>

시제 (vaqt)	동작동사 (fe'lli kesim)	형용동사 (sifatli kesim)	이다
현재지속 (davomli hozirgi)	-는	-(으)ㄴ	
과거완료 (tugallangan o'tgan)	-(으)ㄴ		
미래추측 (taxminiy kelasi)	-(으)ㄹ	-(으)ㄹ	-ㄹ
과거회상 (o'tmish haqida eslash)	-던	-던	-던

21 jadval

1) -는

Faqat fe'l bilan qo'llanilib, fe'l-kesimidan anglashilgan harakat bilan bir vaqtda bajarilgan ish sifatini bildiradi.

저는 많은 것을 보고 싶어 하는 사람입니다.
Men ko'p narsalarni ko'rishni xohlaydigan odam.

저 멀리 보이는 산이 아름답지요?
Uzoqdan ko'rinayotgan tog' chiroyli-a?

2) -(으)ㄴ

O'tgan zamon sifatdoshi fe'l ifodalagan harakatdan ilgari bajarilgan harakatni aniqlovchi belgi sifatida ifodalaydi va o'zbekchaga -gan qo'shimchasi yordamida tarjima qilinadi.

이 책은 내가 옛날에 읽은 책입니다.
Bu men ilgari o'qigan kitob.

공부한 데에서 시험 문제가 다 나왔습니다.
Imtihonda hammasi o'qigan narsalarimdan tushdi.

이 정도면 품질이 좋은 편입니다.
Agar shunday sifatli bo'lsa yaxshi ekan.

봄이 되면 예쁜 꽃들이 피어납니다.
Bahor bo'lishi bilan gullar ochiladi.

3) -(으)ㄹ

Hali ro'y bermagan va kelgusida bo'ladigan harakatni ifodalaydi. Fe'l va sifatga qo'shilib keladi.

내일 살 책들의 이름을 썼습니다.
Ertaga sotib oladigan kitoblarning nomini yozdim.

추우니까 입고 갈 옷들을 잘 준비하세요.
Sovuq bo'lgani uchun kiyib boradigan kiyimlarni yaxshilab tayyorlang.

그 친구는 지금 집에 갈 생각만 하고 있습니다.
U og'aynim hozir faqat uyga ketishni o'ylayapti.

저한테는 빵 살 돈도 없습니다.
Menda non sotib olishga ham pul yo'q.

저녁에는 먹을 것이 없습니다.
Kechqurun yeydigan ovqatim yo'q.

4) -던

① Tugallangan o'tgan va davom etayotgan o'tgan zamon haqida eslashni ifodalaydi.

여기 있던 환자가 어디 갔습니까?
Bu yerdagi bemor qayerga ketdi?

고왔던 얼굴에 주름살이 늘어갑니다.
Chiroyli bo'lgan yuzida ajinlar ko'paymoqda.

이 음악은 제가 좋아하던 것입니다.
Bu men yaxshi ko'rgan kuy.

이 집은 제가 살던 집입니다.
Bu men ilgari yashagan uy.

② -았(였/었) o'tgan zamon qo'shimchalari bilan birikib kelsa, jarayonni tugallanganlik ma'nosi yanada kuchayadi.

죽도록 사랑했던 사람이 바로 이 친구입니다.
O'la-o'lgunimcha men sevgan inson aynan shu do'stim.

어제 읽었던 책을 어디 두었지?
Kecha o'qigan kitobimni qayerga qo'yding?

한 번 보았던 것을 결코 잊지 않습니다.
Bir marta ko'rgan narsamni hech unutmayman.

네가 어려웠던 때를 생각해 보렴.
Sen qiynalgan vaqtlaringni bir o'ylab ko'r.

이 책은 제가 어릴 때 읽었던 책입니다.
Bu meni yoshligimda o'qigan kitobimdir.

2 Harakat nomi (보통명사)

Harakat nomi fe'lning vazifadosh shakllaridan biri bo'lib, harakat va holatning nomini bildiradi, gapda otga xos vazifalarning barchasini bajaradi va kelishik qo'shimchalarini oladi.

① Harakat nomi asosan harakat ma'nosiga ega, harakat nomini jarayon sifatida bildiradi. Ularning zamon bilan qisman bo'lsa-da, aloqasi bor.

사람들이 좋아서 살기가 괜찮습니다.
Odamlar yaxshi bo'lgani uchun yashash qiyin emas.

이 경기는 이기기가 쉽지 않습니다.
Bu musobaqada yutish oson emas.

행복하시<u>기</u>를 바랍니다.
Baxtli bo'lishingizni tilayman.

다섯 시에 극장에 가<u>기로</u> 했습니다.
Soat 5da kinoteatrga borishga ahdlashdik.

② Qachon harakat nomi qo'shimchasini olgan fe'ldan keyin 쉽다, 어렵다, 바라다, 희망하다, 좋다, 나쁘다, 힘들다, 불편하다 kabi so'zlar kelsa, -기 qo'shimchasini olgan oldingi fe'l otlarga o'xshab kelishik qo'shimchalarini oladi.

빨리 퇴원하시<u>기</u>를 바랍니다.
Tezda tuzallb ketlshlnglznl tllayman.

짜지 않아서 먹<u>기가</u> 좋습니다.
Sho'r bo'lmagani uchun yeyish oson.

오늘은 책 읽<u>기에</u> 좋은 날씨입니다.
Bugun kitob o'qishga yaxshi kun.

③ -기 ning birikma holida qo'llanilishi.

ⓐ -기 위해서(위하여) "-sh(ish) uchun" deb tarjima qilinadi.
Birinchi harakat sodir bo'lishi uchun keyingi harakat qilinadi.

꿈을 이루<u>기 위해서</u> 공부합니다.
Orzuga erishish uchun o'qiyapman.

그녀를 이해하<u>기 위해서</u> 많은 노력을 했습니다.
U qizni tushunish uchun ko'p harakat qildim.

당신을 찾<u>기 위해서</u> 얼마나 뛰어다녔는지 아세요?
Sizni topish uchun qanchalar yugurganimni bilasizmi?

한국에서 공부하<u>기 위해서</u> 한국어를 배웠습니다.
Koreyaga borib o'qish uchun koreys tilini o'rgandim.

ⓑ -기 때문에 uchun, sababli

Keyingi harakatning sababi birinchi harakatda ko'rsatiladi.

돈이 모자랐기 때문에 그것을 살 수 없었습니다.
Pulim yetmagani uchun uni sotib ololmadim.

그 사람과 관계가 좋지 않기 때문에 안 만나고 있습니다.
U kishi bilan munosabatlarim yaxshi bo'lmagani uchun uchrashmayapman.

그 사람은 범인이기 때문에 벌을 받았습니다.
U odam jinoyatchi bo'lgani uchun jazo oldi.

아무것도 먹을 것이 없기 때문에 시장을 봐야겠습니다.
Yeyishga ovqat yo'qligi sababli bozorga borishim kerak.

ⓒ -기 전에 "-sh(ish) oldidan (avval)" deb tarjima qilinadi.

Ergash gapdagi harakat bosh gapdagi harakat boshlangunga qadar tugaganligini bildiradi.

점심 먹기 전에 이 일을 끝냅시다.
Tushlikni yeyishdan oldin bu ishni tugatamiz.

말을 하기 전에 먼저 생각하십시오.
Gapirishdan oldin o'ylang.

운동하기 전에 체조부터 해야지요.
Sport bilan shug'ullanishdan oldin tanani qizdirish kerak.

집에 가기 전에 숙제를 하세요.
Uyga ketishdan avval uy vazifasini bajaring.

만나기 전에 전화하세요.
Uchrashishdan oldin qo'ng'iroq qiling.

Tuslanish vaqtida o'zagi o'zgarmay qoladigan fe'llar to'g'ri fe'llar deyiladi.
Biroq ba'zi fe'l o'zaklari tuslanganda o'zgaradi yoki tovushlar tushib qoladi.
Koreys tilida umumiy qoidalarga bo'ysunadigan fe'llarni to'g'ri fe'llar,
umumiy fonologik qoidalar bilan tushuntirib bo'lmaydigan fe'llarni noto'g'ri
fe'llar deyiladi.

me'yordan chiqqan fe'llar	바뀜의 양상 (o'zgarish turlari)	불규칙동사 (noto'g'ri fellar)	규칙동사 (to'g'ri fe'llar)
ㅅ qatnashgan noto'g'ri fellar	unlisidan oldin ㅅ tushib qoladi	낫다, 붓다, 젓다, 굿디, 잇디	빼앗다, 벗다, 웃다, 씻다, 솟다, 빗다
ㅂ qatnashgan noto'g'ri fellar	unlisidan oldin ㅂ harfi –오/우 harfiga o'zgaradi	반갑다, 고맙다, 아름답다, 돕다, 곱다, 맵다, 줍다, 눕다, 깁다, 덥다, 괴롭다	넓다, 좁다, 씹다, 뽑다, 입다, 붙잡다, 집다, 업다
ㄷ qatnashgan noto'g'ri fellar	unlidan oldin 'ㄷ' ㄹ ga aylanadi	걷다, 묻다, 듣다, 싣다, 긷다, 깨닫다	받다, 얻다, 묻다, 닫다, 쏟다, 믿다, 돋다
르 qatnashgan noto'g'ri fellar	르 birikmasi ㄹ ga almashadi	나르다, 다르다, 빠르다, 고르다, 오르다, 서두르다, 부르다, 누르다, 기르다, 흐르다, 타오르다, 가르다	치르다, 들르다
여 qatnashgan noto'g'ri fellar	어 unlisi 여 ga almashadi	'–하다'로 끝나는 동사 전부	사다, 나다, 차다, 파다
러 qatnashgan noto'g'ri fellar	어 harfi 러 ga o'zgaradi	이르다, 푸르다, 누르다	
거라 qatnashgan noto'g'ri fellar	buyruq gapdagi –어라 shakli 거라 ga almashadi	'–가다', '하다'로 끝나는 동사	타다, 가다, 차다, 막다, 팔다
너라 qatnashgan noto'g'ri fellar	buyruq gapdagi –어라 shakli 너라 ga almashadi	'오다'로 끝나는 동사	보다, 쏘다, 고다
ㅎ qatnashgan noto'g'ri fellar	ㅎ tushib qoladi	어떻다, 이렇다, 그렇다, 저렇다, 빨갛다, 까맣다, 파랗다, 하얗다	많다, 괜찮다, 낳다, 넣다, 놓다, 좋다, 싫다

(22 jadval)

1) Fe'l o'zagidagi ㅅ unlisidan oldin tushib qoladi.

동사 〳 어미	–아(어/여)요	–(으)면
낫다	나아요	나으면
붓다	부어요	부으면
긋다	그어요	그으면
잇다	이어요	이으면
짓다	지어요	지으면

(23 jadval)

이제 병이 다 나았습니다.
Endi butunlay tuzalib ketdim.

이 집이 지어지면 이사할 것입니다.
Bu uy bitgach ko'chib ketaman.

감기가 다 나으면 학교에 갈 것입니다.
Grippdan tuzalsam maktabga boraman.

2) Yuqorida ko'rsatilgan qoidalar quyidagi fe'llarga taaluqli emas 빼앗다, 벗다, 웃다, 씻다.

옷을 벗으세요.
Kiyimni yeching.

친구가 웃어서 저도 따라 웃었어요.
Do'stim kulgani uchun men ham qo'shildim.

손을 깨끗이 씻고 밥을 먹어요.
Qo'lingizni tozalab yuvib ovqat yeng.

2 ㅂ li noto'g'ri fe'l (ㅂ 불규칙동사)

1) Fe'l o'zagi ㅂ bilan tugagan bo'lsa, unlidan oldin ㅂ harfi 우 ga aylanadi. 돕다 va 곱다 istisno tariqasida 오 ga o'zgaradi.

동사＼어미	–아(어/여)요	–(으)면
반갑다	반가워요	반가우면
고맙다	고마워요	고마우면
아름답다	아름다워요	아름다우면
돕다	도와요	도우면
곱다	고와요	고우면

24 jadval

봄에 피는 장미가 아름다워요.
Bahorda gullaydigan atirgul go'zal bo'ladi.

오랜만에 친구를 만나서 참 반가웠어요.
Ko'p vaqt uchrashmagan do'stimni uchratganimdan juda xursand bo'ldim.

지난번에 도와주셔서 고마웠어요.
O'tgan safar yordam qilganing uchun minnatdorman.

2) Yuqoridagi qoidaga mustasno holat.

넓다, 좁다, 씹다, 뽑다, 입다, 붙잡다, 집다, 업다, 잡다

25 jadval

무하밧은 항상 옷을 멋있게 입습니다.
Muhabbat har doim chiroyli kiyinadi.

이 도로는 좁다.
Bu yo'l tor.

껌을 씹지 마세요.
Saqich chaynamang.

3 ㄷ li noto'g'ri fe'l (ㄷ 불규칙동사)

1) ㄷ bilan tugagan fe'l o'zagidagi so'nggi harf ㄹ ga o'zgaradi.

동사 \ 어미	–아(어/여)요	–(으)면
걷다	걸어요	걸으면
묻다	물어요	물으면
듣다	들어요	들으면
싣다	실어요	실으면
긷다	길어요	길으면

(26 jadval)

지하철역까지 걸어가세요.
Metrogacha piyoda boring.

밤에는 항상 음악을 들어요.
Kechqurun har doim kuy eshitaman.

이 질문을 선생님께서 물어 보세요.
Bu savolni o'qituvchidan so'rang.

2) Quyidagi fe'llar yuqoridagi qoidaga bo'ysunmaydi.

받다, 얻다, 묻다, 닫다, 쏟다, 믿다, 돋다

어제 친구한테서 편지를 받았습니다.
Kecha do'stimdan xat oldim.

쓰레기를 땅에 묻었습니다.
Chiqindini yerga ko'ming.

우리는 신(하나님)을 믿습니다.
Biz Xudoga ishonamiz.

4 ㄹ li noto'g'ri fe'l (ㄹ 불규칙동사)

ㄹ bilan tugagan fe'ldan keyin ㄹ orttirilib 으 tushib qoladi. Agar fe'lning oldingi bo'g'ini –아 yoki 오 bo'lsa 으 si tushib qolgan fe'l o'zagiga 러/라 qo'shiladi. Qolgan holatlarda ham ㄹ 라 va 러 ga aylanadi.

동사	어미	-아(어/여)요
나르다		날라요
다르다		달라요
빠르다		빨라요
고르다		골라요
오르다		올라요
서두르다		서둘러요

동사	어미	-아(어/여)요
부르다		불러요
누르다		눌러요
흐르다		흘러료
기르다		길러요
서투르다		서툴러요

27 jadval

예쁜 신발을 골랐습니다.
Chiroyli tuflini tanladim.

전철이 버스보다 빠릅니다.
Elektr poyezd avtobusga qaraganda tez yuradi.

나의 누나는 노래를 잘 불러요.
Mening opam qo'shiqni yaxshi aytadi.

5 여 li noto'g'ri fe'llar (여 불규칙동사)

1) Birinchi tovush qo'shimcha -어 bo'lsa 여 ga o'zgaradi. 하 + 어 = 하여 bo'ladi.

신중히 생각하여 결정하도록 하세요.
Jiddiy o'ylab ko'rib bir qarorga keling.

이것은 우리가 토론하여 얻은 결과입니다.
Bu bizning baxsimiz natijasi.

2) Yuqorida ko'rsatilgan qoidalar quyidagi fe'llarga taaluqli emas.

나다, 사다, 차다, 파다

갑자기 애인 생각이 나서 편지를 썼습니다.
To'satdan sevgilim esimga tushgani uchun unga xat yozdim.

어제 장갑을 샀습니다.
Kecha qo'lqop sotib oldim.

1) Buyruq gapning -어라 qo'shimchasi -거라 ga o'zgaradi. So'zlashuv 가 + 아라 bo'lsa 가거라 ga aylanadi. Qaysi fe'l o'zagi 아 bilan tugasa 거라 ga aylanadi.

이 계단으로 올라가거라.
Bu zinadan ko'tariling.

늦지 않게 가거라.
Kechikmasdan boring.

2) Yuqorida ko'rsatilgan qoidalar quyidagi fe'llarga taaluqli emas.

타다, 사다, 차다

어서 차에 타라.
Tez mashinaga o'tir.

이 옷을 사지 마라.
Bu ko'ylakni olmang.

1) Buyruq gapning -어라 qo'shimchasi -너라 bo'lib o'zgaradi. Biroq bu shakl 오다 va shu kabi fe'l bilan yasalgan qo'shma fe'llardangina uchraydi.

방으로 들어오너라.
Xonaga kiring.

이 계단으로 올라오너라.
Bu zinadan chiqing.

2) Yuqorida ko'rsatilgan qoidalar quyidagi fe'llarga taaluqli emas.

보다, 쏘다, 고다

저기 하늘을 보아라.
Anavi osmonga qara.

쇠고기는 오랜 시간 동안 고아라.
Mol go'shti uzoq qaynaydi.

1) ㅎ harfi bilan tugagan so'z o'zagidan keyin ㄴ, ㄹ, ㅁ, ㅅ, ㅇ undoshlari kelsa, ㅎ tushib qoladi. Bu asosan sifatlarga xos.

형용사 \ 어미	ㄴ	ㄹ	ㅁ	ㅅ	ㅇ
어떻다	어떤	어떨까요	어떠면	어떠세요	–
이렇다	이런	이럴까요	이러면	이러세요	–
그렇다	그런	그럴까요	그러면	그러세요	–
저렇다	저런	저럴까요	저러면	저러세요	–
까맣다	까만	까말까요	까마면	–	–
빨갛다	빨간	빨갈까요	빨가면	–	빨강
파랗다	파란	파랄까요	파라면	–	파랑
하얗다	하얀	하얄까요	하야면	–	하양
노랗다	노란	노랄까요	노라면	–	노랑

28 jadval

파란색이 빨간색보다 더 좋아요.
Ko'k rang qizil rangga qaraganda yaxshi.

어떤 산에 갈 거예요?
Qaysi toqqa boramiz?

그런 말을 하지 마세요.
Bu gapni gapirma.

2) Yuqorida ko'rsatilgan qoidalarga istisno holat.

많다, 좋다, 놓다, 낳다, 싫다

광장에 사람들이 많이 모였습니다.
Maydonda ko'p odamlar yig'ildi.

이것은 좋은 결과입니다.
Bu yaxshi natija.

8 Yordamchi fe'llar (Ko'makchi fe'llar) (보조용언)

Ko'makchi fe'llar o'z mustaqil ma'nolarini yo'qotib, yetakchi fe'l bilan birikib, asosiy qismdagi ma'noga qo'shimcha (tugallik, boshlanish, tusatdanlik, tezlik, takroriylik, davomlilik kabi) ma'nolarni beradi.

의미 (ma'nosi)	보조용언 (ko'makchi fe'llar)
계속 (davomlilik)	가다, 오다
완료 (tugallik)	내다, 버리다, 말다
봉사 (xizmat)	주다, 드리다
시도 (sinash)	보다
반복 (takroriylik)	쌓다
보유 (saqlash)	놓다, 두다, 가지다
희망 (umid)	싶다
상태 (holat)	있다
하다 (bilan yasalgan fe'llar)	−어야 하다, −기는 하다, −ㄴ 하다, −ㄴ 양 하다, −ㄴ 척하다, −ㄹ 뻔 하다, −ㄹ 만하다, −려고 하다, −고자 하다, −곤 하다, −는가 하다, −ㄹ까 하다, −도록 하다

29 jadval

1 Izchillik bilan davom etuvchi harakat va holatni ifodalovchi yordamchi fe'llar (가다, 오다)

1) -아(어/여) 가다/오다

가다/오다 bu yordamchi fe'llar: bir joydan boshqa joyga ko'chishni ifodalaydi. Ular yordamchi fe'l sifatida ishlatilganda, asosiy fe'lga davomlilik, takrorlanishni ma'nolarini bildiradi. Agar harakat yo'nalishi so'zlovchiga qaratilgan bo'lsa -아(어/여) 오다 shaklidan foydalaniladi. Agar harakat yo'nalishi so'zlovchidan boshqa qaratilgan bo'lsa -아(어/여) 가다 iborasi (birikmasi) ishlatiladi.

얼마 동안 그 사람과 사귀어 왔습니까?
Qachondan beri u odam bilan do'stsiz?

강아지가 저쪽으로 달려갑니다.
Kuchukcha u tomonga yugurib ketdi.

우리는 지금까지 놀라운 경제 발전을 이루어 왔습니다.
Biz shu vaqtgacha hayratlanarli iqtisodiy rivojlanishga erishib keldik.

Istisno

오다 fe'li har doim ham ko'makchi fe'l vazifasini bajarmaydi.

이 본문을 다 외워 오세요.
Bu matnni hammasini yod olib keling.

아버지께서 선물을 사 오셨습니다.
Otam sovg'a olib keldi.

아기를 데려올 수 없었어요.
Chaqaloqni olib kela olmadim.

이 책을 다 읽어 오세요.
Bu kitobni o'qib keling.

2) -(으)러 가다/오다

Maqsadni anglatuvchi -(으)러 qo'shimchasi bilan birlashib maqsad yoki istakni o'zgartirishini ifodalaydi.

동생은 공원에 산책하러 갔다.
Ukam boqqa sayr qilgani ketdi.

학교에 입학 시험을 보러 온 학생들로 가득 찼습니다.
Maktab imtihon topshiruvchilar bilan liq to'ldi.

저는 좀 쉬러 갔다 오겠습니다.
Men biroz dam olishga borib kelaman.

2 Asosiy fe'lning harakatini tugallanganligi ma'nosini anglatuvchi ko'makchi fe'llar (내다, 버리다, 말다)

Bu tugallanishdan tashqari asosiy fe'lga modal ma'no beradi.

1) -아(어/여)내다

Asosiy fe'lga qo'shilib subyektiv ma'noni amalga oshirishga erishishni ifodalaydi.

경찰은 테러범들을 찾아냈습니다.
Militsiya teroristni qidirib topib, uni ushladi.

그는 하루 종일 '죄와 벌' 책을 다 읽었습니다.
U bir kunda "Jinoyat va jazo" kitobni o'qib bo'ldi.

네가 그 일을 해냈구나!
Sen bu ishni qilib qo'yibsan-da!

그가 있는 곳을 알아내야 합니다.
U yashayotgan joyni bilib qo'yish zarur.

2) -아(어/여)버리다

① Yetakchi fe'ldan anglashilgan harakat va holatda bo'lishini ifodalaydi.

그 친구는 화를 내며 집에 가 버렸습니다.
Bu do'stim jahlini to'kkancha uyiga ketib qoldi.

집이 전부 불에 타 버렸습니다.
Uy butunlay yonib bitdi.

기분 나쁜 일은 잊어버리세요.
Kayfiyatni buzadigan ishni esdan chiqarib yuboring.

남기지 말고 모두 먹어 버려라.
Qoldirmasdan oxirigacha yeb qo'ying.

② Ma'lum ish-harakatni tugallanishiga so'zlovchining erkin munosabatini ifodalaydi.

추운 겨울이 이젠 끝나 버렸습니다.
Sovuq qish ham endi tugab qoldi.

하고 싶었던 말을 다 해 버렸습니다.
Xohlagan gapini hammasini gapirib tashladi.

3) -고 말다

Harakatning tugallanish ma'nosini bildirib, bu harakatda so'zlovchining olingan natijadan qoniqish hissini aks ettiradi.

그 사람과 헤어지고 말았습니다.
Men u odam bilan ajrashib ketdim.

참고 참다가 결국 울고 말았습니다.
Kutaverib, kutaverib natijada yig'lab yubordi.

조심했지만 감기에 걸리고 말았습니다.
Ehtiyotimni qilgan bog'lsam-da. Shamollab qoldim.

3 O'zaro xizmat qilish va xizmat ko'rsatish ma'nolarini anglatuvchi ko'makchi fe'llar (주다, 드리다)

1) -아(어/여) 주다/드리다

Yetakchi fe'llar bilan birikib, kimningdir manfaatini ko'zlab ish qilishi ma'nozini ifodalaydi. 드리다 fe'l shakli 주다 fe'lining hurmat shaklidir.

친구들이 저를 도와주었습니다.
Do'stlarim menga yordam berdi.

이 책을 형에게 가져다 드리세요.
Bu kitobni akangga olib borib ber.

4 Sinash, urinish ma'nosi anglatuvchi ko'makchi fe'llar (보다)

1) -아(어/여)보다

Bu ko'makchi fe'l harakatni bajarishga urinish, sinab ko'rish, qistash, buyruq kabi ma'nolarni ifodalaydi.

한 번 더 따라해 보세요.
Yana bir bor qaytarib ko'r.

삼십 분만 더 기다려 봅시다.
Yana 30 daqiqa kutib turamiz.

2) -나 보다

So'zlovchining qandaydir fakt haqida taxminini ifodalaydi. Ba'zan -은(는)가 보다 birikmasi bilan birga qo'llaniladi.

돈이 없나 봅니다.
Pul yo'qqa o'xshaydi.

밖에 눈이 오나 봅니다.
Ko'chada qor yog'ayotganga o'xshaydi.

5 Ish-harakatning takrorlanishi va kuchayishi ma'nosini anglatuvchi ko'makchi fe'llar (대다)

1) -아(어/여) 대다

Bu ko'makchi fe'l harakat va holatni to'xtovsiz davom etishini ifodalaydi.

계속 웃어 댔더니 목이 아픕니다.
Ko'p kulaverganimdan tomog'im og'riyapti.

너는 매일 놀아만 대니?
Sen faqat o'ynab yurasanmi deyman?

6 Saqlash ma'nosi (놓다, 두다, 가지다)

1) -아(어/여) 놓다

Asosiy fe'lning harakati tugab, holatning davomiyligini saqlab qolishini anglatadi.

설날에 놀 계획을 다 세워 놓았습니다.
Yangi yil rejalarimni hammasini tuzlb qo'ydim.

결혼할 준비를 다 해 놓았습니다.
To'y taraddudini hammasini ko'rib qo'ydim.

2) -아(어/여)두다

Davom etayotgan yetakchi fe'l holatini o'zgarishsiz, o'z holicha saqlanib qolishini ifodalaydi.

이 돈은 받아 주세요.
Bu pulni ushlab turing (saqlab turing).

내 충고를 잘 들어 주세요.
Meni maslahatimni yaxshilab eshitib ko'ring.

3) -아(어/여)가지다

Harakat natijasini kuchli ekanligini ifodalaydi. Shuning uchun tugallovchi shakllarsiz qo'llaniladi va ko'makchi fe'lga -고 bog'lovchi qo'shimchasi bilan birga qo'shiladi.

이 시를 외워 가지고 오세요.
Bu she'rni yodlab keling.

아이 하나만 낳아 가지고 잘 키웁시다.
Faqat bitta bola ko'rib yaxshilab tarbiyalaymiz.

1) -고 싶다

Yetakchi fe'ldagi so'zlovchi yoki subyektning xuddi shunday sodir bo'lishi kerak bo'lgan harakat va holat to'g'risidagi istagini bildiradi.

나는 꼭 훌륭한 사람이 되고 싶다.
Men albatta mashhur inson bo'lishni xohlayman.

요즘 나는 그냥 쉬고 싶다.
Shu kunlarda men dam olishni xohlayapman xolos.

-었/았으면 birikmasi yoyiq gapda ta'kidlangan faktdagi so'zlovchining umid yo xohishini ifodalaydi.

오늘은 꼭 일자리를 찾았으면 싶다.
Bugun albatta ish (o'rnini) topsam yaxshi bo'lardi.

이젠 그 일에서 손을 뗐으면 싶다.
Endi bu ishdan qo'limni tortaman.

2) -고 싶어 하다

-하고 싶다 fe'liga qo'shilib, asosan ega 3-shaxsda bo'lganida uning xohishini ifodalaydi.

저는 한국에 꼭 가보고 싶습니다.
Men albatta Koreyani borib ko'rishni xohlayman.

모두가 전쟁을 끝내고 싶어 합니다.
Hamma urushni tugatishini xohlaydi.

3) -나 싶다

So'zlovchining biror bir fakt haqidagi ishonchsiz farazini ifodalab, "deb o'ylamoq" ma'nosida qo'llaniladi. So'zlovchi yetakchi fe'l harakatini taxmin qiladi.

먹을 것이 있나 싶어서 냉장고를 열어 보았습니다.
Yeydigan biror narsa bormi deb muzlatgichni ochib ko'rdim.

다 끝났나 싶어서 들어와 보았습니다.
Hammasi tugagan deb kirib ko'rdim.

Istisno

싶다 fe'li turli fe'l qo'shimchalari bilan qo'llanilib so'zlovchining gumoni yoki uning biror dalil haqidagi mulohazasini bildiradi.

오늘은 집에서 편지가 오지 않을까 싶다.
Bugun uydan kelmaganga o'xshaydi.

싱겁지 않을까 싶어서 소금을 더 넣었습니다
Tuzi kamga o'xshagani uchun yana tuz soldim.

아마 동생은 놀러 갔지 싶다.
Chamamda ukam o'ynagani ketgan bo'lsa kerak.

8 Holat ma'nosi (있다)

Mustaqil fe'l sifadida qo'llanilganda biror bir faktning mavjudligini bildiradi.
–아(어/여) 있다
- shaklida qo'llanilganda esa, holat turg'unligi ma'nosini ifodalaydi, hamda, ko'makchi fe'l bo'lib keladi.

그 사람은 여기 쓰러져 있었다.
U odam bu yerda yiqilib tushgandi.

한국에 집집마다 태극기가 걸려 있습니다.
Koreyada har bir uyda Koreya bayrog'i osilib turadi.

→ –고 있다 shaklida esa ish-harakatning jarayonliligi, hamda, yo'nalishi ma'nosini ifodalaydi.

9 **하다 fe'li bilan qo'llaniladigan murakkab fe'lli tuzilmalar**

하다 fe'li turli qo'shimchalarni olgan asosiy fe'lga qo'shilib, turli ma'nolarni ifodalashi holatlari uchraydi. Xususan:

1) **-아(어/여) 하다**

Zaruriyat ma'nosini beradi.

젊은이에게는 꿈이 있어야 합니다.
Yoshlarda orzu bo'lishi kerak.

너도 이젠 결혼을 해야 한다.
Men ham endi uylanishim kerak.

2) **-기는 하다**

Asosiy fe'lning mazmuni boshqasiga mutlaqo qarshi bo'lsa-da ish-harakatni (bajarilishi) mumkinligini bildiradi va u takroriy fe'l tarzida tarjima qilinadi.

카밀라도 예쁘기는 하다.
Kamola ham chiroylikkina.

저도 공부를 잘하기는 합니다.
Men ham o'qigandan o'qib yotibman.

3) **-는(은) 체하다**

Soxtalik ifodalanadi, ya'ni biror bir narsani o'ziga o'xshamaganligi ifodalanadi. '-는(은) 양하다', '-는(은) 척하다' iboralari ham shu ma'noni ifodalaydi.

기분이 나빴지만 좋은 척 했습니다.
Kafiyati yomon bo'lsa-da, yaxshiga o'xshatib ko'rsatdi.

너는 너무 잘난 체한다.
Sen o'zingga juda bino qo'ygansan.

저도 공부를 잘하기는 합니다.
Men ham yaxshi o'qiyapman.

4) -는(은/을)듯하다

Yetakchi fe'lga qo'shilib undan keyingi holatni ifodalaydi va baholaydi.

태풍이 올 듯합니다.
Tayfun kelayotganga o'xshaydi.

결국 두 사람은 헤어질 듯합니다.
Natijada ikkalasi ajrashib ketsa kerak.

5) -(으)ㄹ 뻔하다

Haqiqatda sodir bo'lmagan, biroq sodir bo'lishi mumkin bo'lgan ish-harakatni taxmin qiladi. Doim o'tgan zamonda qo'llangani uchun –았(었/였) o'tgan zamon qo'shimchalari bilan keladi.

거의 죽을 뻔했습니다.
Deyarli o'lib qolayozdi.

계단에서 넘어질 뻔했다.
Zinadan yiqilib ketayozdi.

6) -(으)ㄹ 만하다

Yetakchi fe'lda ifodalangan harakat yoki holatni ma'lum baho, darajada bor bo'lishini ifodalaydi.

이 식당은 먹을 만한 음식은 별로 없습니다.
Bu restoranda unchalik yaxshi ovqatlar yo'q.

그 학자는 노벨상을 받을 만합니다.
U olim Nobel mukofotini olishga loyiq.

7) -(으)려고 하다

So'zlovchining asosiy fe'l harakati to'g'risida kelajakdagi reja yoki istagini bildiradi.

오랜만에 집에 편지를 쓰려고 합니다.
Uzoq vaqtdan beri uyga xat yozmoqchi edim.

내일 교수님을 만나려고 합니다.
Ertaga professor bilan uchrashmoqchiman.

한국에 가려고 했습니다.
Koreyaga ketishga qaror qildim.

8) -고자 하다

Asosiy fe'lda ifodalangan kuchsiz istak yoki orzuni bajarilishni ma'lum qiladi.

이달까지 원고를 다 쓰고자 합니다.
Bu oygacha qo'lyozmani hammasini yozib tugatmoqchiman.

누구나 좋은 집에서 잘 살고자 한다.
Har kim yaxshi uyda yashashni xohlaydi.

9) -곤 하다

O'tgan zamonda ketma-ket ro'y bergan ish-harakatning takrorlangan va qaytarilajak harakatni tasvirlaydi, izohlaydi.

요즘 밤에 코를 골곤 합니다.
Keyingi vaqtlarda tunda xurrak otayapman.

가끔 수업에 늦곤 했습니다.
Ba'zan darsga kechikib kelayapman.

10) -는(은)가 하다

Ma'lum harakat yoki holat haqida taxmin yoki farazni ifodalaydi. Ba'zan -나 하다 birikmasidan foydalaniladi.

바쁘신가 해서 찾아 뵙지 않았습니다.
Band bo'lsa kerak qidirib ko'rib topolmadim.

연락이 없어서 서울에 안 계시나 했습니다.
Xabar yo'qligi uchun u kishini Seulda yo'q deb o'ylayman.

11) -(으)ㄹ까 하다

Oldinda turgan harakatning rejasi yoki taxminini ifodalaydi.

산책을 할까 하고 공원에 갔습니다.
Sayr qilish uchun istirohat bog'iga bordim.

학교에 가면 그 친구를 만날까 했습니다.
Maktabga borsam do'stimni uchratsam kerak.

12) -도록 하다

Muvaffaqiyatga yo'naltirilgan ma'lum holat va darajadagi harakatni ifodalaydi.

피곤하면 쉬도록 하세요.
Charchasangiz dam olib turing.

내일부터 늦지 않도록 하겠습니다.
Ertadan kechikmaslikka harakat qilaman.

끝까지 이 비밀을 지키도록 하겠습니다.
Oxirgacha bu sirni saqlashga harakat qilaman.

09 Sifat (형용사)

1 Sifat tushunchasi (형용사의 개념)

Sifat deb predmetning belgisini bildirib qanday, qanaqa so'roqlariga javob bo'ladigan so'z turkumiga aytiladi.

1 Sifatning ma'nosi va grammatik belgilari.

Sifat so'zlar predmetning belgisi va xususiyati, sifatini anglatadi.

2 Sifatning yasalishi.

Sifatlar ikki xil usul bilan yasaladi: qo'shma sifatlar (복합형용사), yasama sifatlar (파생형용사).

1) Qo'shma sifat (복합형용사)

① 명사 + 형용사 (주어 + 서술어)

값싸다, 배부르다, 맛나다, 입바르다, 올곧다

② 명사 + 형용사 (부사어 + 서술어)

눈설다, 남부끄럽다, 남다르다, 번개 같다

③ 형용사 어간 + 형용사

굳세다, 검붉다, 검푸르다, 희멀겋다

④ 반복어

크나크다, 머나멀다, 붉디붉다, 검디검다

Qo'shma sifatlar ot va sifatning yoki sifat takror so'zlarni qo'shish yo'li bilan yasaladi.

2) Yasama sifatlar (파생형용사)

① -롭-

향기롭다, 해롭다, 슬기롭다, 지혜롭다

② -답-

정답다, 꽃답다

③ -스럽-

복스럽다, 탐스럽다, 어른스럽다, 창피스럽다

④ -하-

깨끗하다, 부지런하다, 조용하다, 튼튼하다

⑤ -지-

값지다, 멋지다, 그늘지다, 기름지다, 살지다

⑥ -다랗-

굵다랗다, 좁다랗다, 커다랗다

Yasama sifat so'zlar asosan yuqorida ko'rsatilgan sifat yasovchi qo'shimchalar yordamida yasaladi.

Sifatlovchi so'zlar ot so'z turkumi oldidan kelib, uning mazmunini aniqlaydi. Ular qo'shimcha olmaydi va turlanmaydi. Sifatlovchi so'zlar doirasiga otdan sifat yasovchi ba'zi qo'shimchalarni kiritish mumkin.

지시관형사 (ko'rsatuvchi sifat so'zlar)	이/그/저(런), 어느, 아무
수관형사 (hisoblovchi sifat so'zlar)	한, 두, ... 모든, 여러, 몇, 첫째, 둘째
성질관형사 (xusuyatli sifat so'zlar)	새, 헌, 옛, 윗, 어느, 아무, –적

1 **Ko'rsatuvchi, sifatlovchi so'zlar**

Bu so'zlar predmetning holati va xarakterini ko'rsatadi.

이런 일은 하지 않는 것이 좋겠습니다.
Bu ishni qilmasang yaxshi bo'ladi.

어느 쪽으로 가야 우체국이 나옵니까?
Qaysi tomonga borsa pochta chiqadi?

아무 사람에게나 문을 열어 주지 마세요.
Har kimga ham eshikni ochmang.

그런 말을 나이가 많은 사람에게 말하면 안 됩니다.
Unday gaplarni yoshi kattalarga gapirish mumkin emas.

어느 날 그 친구를 공원에서 만났어요.
Bir kuni u do'stimni istirohat bog'ida uchratib qoldim.

2 Hisoblovchi sifatlovchi so'zlar

Asosan ot oldidan keladi, predmetning tartibi va hisobini ifodalaganda qo'llaniladi.

모든 사람이 회의에 참석했습니다.
Hamma majlisda qatnashdi.

첫째 언니는 의사입니다.
Birinchi opam shifokor.

한 사람이 더 와야 되는데 안 옵니다.
Bitta odam yana kelishi kerak edi, kelmayapti-ya.

어제 언니와 여러 가지 얘기를 나누었습니다.
Kecha opam bilan har xil mavzuda suhbatlashdik.

저기 두 사람은 우리 학교 학생입니다.
Anavi ikki kishi bizning maktab o'quvchilari.

저기 한 외딴집에 누가 살까?
U yerdagi yolg'iz uyda kim yashayapti?

Gapning ikkinchi darajali bo'laklari: Sifatlovchi so'zlar, Ravish

| 수식언: 관형사, 부사 |

So'zlarning ichida boshqa so'zlarni aniqlaydigan vazifani bajaruvchi so'zlar gapning ikkinchi darajali bo'laklari (수식언) hisoblanadi. Koreys tilida gapning ikkinchi darajali bo'laklariga sifatlovchi so'zlar (관형사) va ravish (부사) kiradi.

Predikativ gap bo'lagining sifatlovchi shakli gapda sifatlovchi so'zlarning vazifasini ko'rsatib, "-(으)ㄴ/는/던/(으)ㄹ" qo'shimchalari yordamida birikadi.

예쁜 꽃	chiroyli gul
꽃이 예쁘다.	gul chiroyli
새 구두	yangi poyafzal
내가 사랑하는 플로리랑	Men sevgan Florian
갈 사람	boradigan odam

 **Sifatlovchi so'zlar** (관형사)

1   Xususiyatli sifatlovchi so'zlar (형용사)

Xususiyatli sifatlovchi so'zlar otni aniqlab, uning xususiyati haqida so'roq gapda ishtirok etadi.

요즘 어떤 일을 하십니까?
Hozirda qanday ish qilayapsiz?

저 새 책은 누구의 것입니까?
Anavi yangi kitob kimniki?

요즘 경제적 문제가 심각합니다.
Keyingi vaqtda iqtisodiy muammolar jiddiy bo'lib turibdi.

Sifatlovchi so'zlarni boshqa so'z turkumlari bilan oson adashtirib qo'yish mumkin. Sifatlovchi so'zlar farqli xususiyatiga ko'ra qo'shimchalar olmaydi.

1) Oldingi so'z qo'shimcha bilan kelsa bu ot so'z turkumiga oid qo'shimcha mavjud bo'lmasa bu sifatlovchi so'z hisoblanadi.

이것은 자동차입니다.
Bu mashina (olmosh 대명사)

이 자동차는 내 것입니다.
Bu mashina meniki (sifatlovchi so'z 관형사)

아무 사람에게나 물어보세요.
Biror odamdan so'rab ko'ring (관형사)

제 집에는 아무도 없습니다.
Mening uyimda hech kim yo'q (대명사)

130

Sifatlovchini farqlash uchun shu so'zdan keyin kelgan sifatlanmishni aniqlash kifoya.

2) Agar sifatlovchi so'z fe'ldan oldin kelsa, u ravish bo'ladi, agar ot so'z turkumlarini aniqlab kelsa, sifalovchi so'z hisoblanadi.

가급적 빨리 가세요.
Iloji boricha tezroq boring. (ravish 부사)

사회적 문제가 많아요.
Ijtimoiy muammolar ko'p. (sifatlovchi so'z 관형사)

2   Sifatlovchi so'zlarning tartibli joylashuvi (관형사의 순서)

Agar ketma-ket 3 ta sifatlovchi so'z kelsa, ular quyidagicha joylashtiriladi: ko'rsatuvchi sif. so'z + hisoblovchi sif. so'z + xususiyatli sif. so'z.

이 새 책은 누구의 것입니까?

11 Ravish (부사)

1 Ravishning xususiyati (부사의 개념)

Ravish mustaqil so'z turkumi bo'lib, harakat va holatning belgisini bildiradi. Ravish ko'pincha fe'llarga bog'lanib keladi, turlanmaydi va tuslanmaydi. Ba'zan ravish ot, olmosh va songa qo'shilishi mumkin. Ravish kelishik qo'shimchalarini olmaydi, biroq yordamchi qo'shimchalar bilan qo'llanishi mumkin.

가. 아직도 시간이 많이 남았다.
　　Hali ham vaqtimiz ko'p qoldi. (yordamchi)

나. 그 사람이 일을 빨리는 한다.
　　U odam ishni tez qiladi. (kelishik)

다. 천천히만 걸어라.
　　Sekin-sekin yuring. (yordamchi)

라. 빨리를 가거라.
　　Tez bor. (kelishik)

→ 1-misolda gaplarning 나. va 라. qatoridagi –는 va –를 kelishik shakllari gapdagi vazifasiga ko'ra yordamchi qo'shimchalar hisoblanadi.

Koreys tilida taqlid so'zlar (의성의태어) ravish turi sifatida ko'rsatiladi. Chunki taqlid so'zlar asosan fe'l oldidan hol vazifaida kelib, ish-harakatni qay tarzda bajarilganini bildiradi.

가. 아가들은 아장아장 걷고 오리들은 뒤뚱뒤뚱 걷는다.
나. 하늘하늘 춤추는 버들가지 위에서 꾀꼬리가 꾀꼴꾀꼴 노래한다.

Ravish turlari:

성분 부사	성상 부사	일반부사 (umumiy ravishlar)	아주, 매우, 훨씬, 더욱, 더, 퍽, 꽤, 모두, 상당히, 굉장히, 너무, 다, 같이, 함께, 좀, 서로, 마침, 겨우, 잘, 많이, 전혀, 별로, 결코, 어서, 활짝, 바로
		상징부사 (의태어와 의성어) (taqlid ravishlar)	땡땡, 똑똑, 뚝뚝, 보글보글, 부글부글, 드르륵, 멍멍, 개굴개굴, 음매, 쿵쿵, 훨훨, 옹기종기, 사뿐사뿐, 펄펄, 엉금엉금, 살금살금, 성큼성큼, 슬그머니
	지시 부사	장소부사 (oʻrin ravishi)	이리, 그리, 저리, 여기, 거기, 저기, 요리, 요리-조리, 고리
		시간부사 (payt ravishi)	가끔, 내일, 늘, 다시, 모레, 벌써, 아까, 어제, 언제, 오늘, 요새, 요즈음, 요새, 항상
부정부사 (inkor ravishi)			안, 못
문장부사 (gap ravishi)			과연, 정말, 실로, 물론, 모름지기, 설마, 설령, 아마, 만일, 아무리, 제발, 부디
접속부사 (bogʻlovchi ravish)			즉, 또(또한), 도리어, 오히려, 차라리, 및, 더구나, 하물며, 따라서, 혹은

(30 jadval)

2　Ravishning ma'no turlari (부사의 종류)

1　Umumiy ravishlar (일반부사)

Harakatning qay tarzda yuz berish holatini bildiradi, qanday?, qay tarzda? kabi soʻroqlarga javob boʻladi.

아주 기분이 좋다.
Kayfiyatim juda yaxshi.

매우 아름다운 여인이다.
Juda ham goʻzal ayol.

더욱 중요한 것은.
Yanada muhim jihat.

겨우 합격하다.
Zoʻrgʻa imtihondan oʻtdi.

돈을 많이 쓰다.
Pulni koʻp sarflaydi.

전혀 관계가 없다.
Mutloq aloqasi yoʻq.

그는 결코 나쁜 사람은 아니다.
U umuman yomon odam emas.

어서 오너라.
Tez kel.

서로 사랑하다.
Bir-birini yaxshi koʻrishadi.

마침 전화하려던 참이었습니다.
Endi men telefon qilmoqchi boʻlib turgandim.

Eslatma 1

전혀, 별로, 결코, 여간, 절대로 ravishlari doim inkor maʻnolarda qoʻllaniladi.

그것은 전혀 믿을 수 없는 일이다.
Bu mutlaqo ishonib boʻlmaydigan ish.

별로 위험하지는 않다.
Biroz boʻlsa ham havfli emas.

여간 일이 아니다.
Shunchaki ish emas.

저는 그녀를 별로 좋아하지 않습니다.
Men u qizni unchalik yoqtirmayman.

2 Ovozga va harakatga taqlid soʻzlar (상태부사)

Bu ravishlar ovozga va harakatga taqlidni ifodalaydi.

시계가 땡땡 치다.
Soat chiq-chiq qilyapti.

눈물이 똑똑 떨어지다.
Koʻz yoshlari chak-chak oqa boshladi.

134

개가 멍멍 짖다.
It vov-vov deya hurdi.

살금살금 다가가다.
Sekin-asta borib kelardi.

엉금엉금 기어가다.
Urinib-surinib o'rmalardi.

3 ## O'rin ravishi (장소부사)

O'rin ravishi harakat va holatning bajarilish o'rnini va harakat yo'nalgan tomonni bildiradi. 요리, 고리, 조리 ravishlari 이리, 그리, 저리 larning qisqa so'zlari bo'lib farqli xususiyati yo'q. 이리, 그리, 저리 harakat yo'nalgan tomonni bildirsa ham 가. '누가 이리(요리) 떠드느냐?' dagi bu yerda va 나. '이리 오너라' dagi bu yerga ni taqqoslab ko'rsak qo'llanilishdagi farqni ko'ramiz.

가. Kim bu yerda shovqin qilayapti?
나. Bu yerga kel.

여기, 거기, 저기 lar umuman olganda o'rin ko'rsatuvchi (장소지시대명사) bo'lsa-da, qo'shimchalarsiz kelsa, ravishlik xususiyatni ifodalaydi.

여기 앉았던 사람이 어디로 갔습니까?
Bu yerda o'tirgan odam qayerga ketdi?

→ "bu yerda" olmoshi ravish sifatida kelayapti.

이리 와서 자세히 이야기나 합시다.
Bu yoqqa kelib batafsil suhbatlashib olamiz.

저기 내가 탈 버스가 온다.
Anavi yerda mening avtobusim kelayapti.

Payt ravishi (시간부사)

Payt ravishi harakat va holatni bajarilish vaqtini bildiradi va qachon?, qaysi vaqtda?, qanchadan beri? kabi so'roqlarga javob bo'ladi.

지금 시간이 없습니다.
Hozir vaqtim yo'q.

오늘 일찍 일어났습니다.
Bugun erta uyg'ondim.

내일 중간고사가 있습니다.
Ertaga yozma ish bor.

나는 가끔 그로부터 소식을 듣는다.
Men ba'zan undan yangilik eshitaman.

어제부터 병이 났다.
Kechadan boshlab mazasi yo'q.

요새 흔히 볼 수 없는 책이다.
Keyingi vaqtda bu kitobni topib bo'lmaydi.

Eslatma 2

어제, 오늘, 내일, 모레, 지금 kabilar aslida ot bo'lsa-da ravish singari qo'llaniladi, agar bu so'zlar qo'shimcha olsa ot hisoblanadi, qo'shimchalarsiz kelganda ravish hisoblanadi.

오늘은 수요일입니다.
Bugun chorshanba.

오늘 할 일을 내일로 마루지 맙시다.
Bugungi ishni ertaga qoldirmaylik.

내일은 내 생일입니다.
Ertaga mening tug'ilgan kunim.

내일 영화를 보러 가기로 했습니다.
Ertaga kino ko'rgani bormoqchiman.

Inkor ravishi (부정부사)

Fe'ldan anglashilgan mazmunni inkor etuvchi ravishlar.

어제 잠을 안 잤습니다.
Kecha uxlamadim.

저는 수용을 못 합니다.
Men suza olmayman.

Fe'ldan anglashilgan ish-harakatga qodir bo'lmaslik holatida (unga bog'liq emaslik) 못 inkor ravishi qo'llaniladi.

불의를 보면 지는 못 참습니다.
Nohaqlikni ko'rsam chiday olmayman.

안 shakli esa o'sha anglashilgan harakatni bila turib qilmaslik (unga bog'liqlik) ma'nosini beradi.

저는 무서운 영화를 안 봅니다.
Men qo'rqinchli kinolarni ko'rmayman.

저는 무서운 영화를 못 봅니다.
Men qo'rqinchli kinolarni ko'ra olmayman.

6 Gap ravishlar (양태부사)

Gap oldida kelib, butun bir gap haqidagi muhokama, fikr-mulohazani ifodalydi. Bu ravishlarni ma'nosiga ko'ra 3 turga bo'lish mumkin.

Gap ravish turlari:

결정적인 결론 (fikrning aniqligini tasdiqlovchi)	과연, 정말, 실로, 물론, 모름지기
의심 (fikrning taxminiy, noaniqligini tasdiqlovchi)	설마, 설령, 아마, 비록, 만일

희망 (umid)	제발, 부디, 아무쪼록
요구/조건 (talab / va shart)	제발, 비록, 만일

(31 jadval)

Bu ravishlarni modal ravishlar (양태부사) ham deyiladi.

과연	darhaqiqat	정말	rostdan
물론	albatta	실로	haqiqatdan
설마	nahotki(shubhali)	설령	xatto(ki), mabodo
아마	chamasi, ehtimol	모름지기	albatta
비록	garchi, mabodo	부디	iltimos
제발	xudo haqqi, iltimos, marmamat qiling	아무쪼록	iloji boricha

과연, 그 소문이 사실이었구나!
Darhaqiqat, bu xabar fakt!

나는 정말 슬펐다.
Men rostdan xafaman.

나는 실로 어리석은 짓을 했다.
Men so'zsiz ahmoqona ish qildim.

그는 학식은 물론 경험도 많다.
U bilimli, albatta tajribali ham.

설마 그가 도둑질을 하랴.
Nahotki u o'g'irlik qilayapti.

설령, 내일 비가 온다고 해도 나는 여행을 떠날 거야.
Mabodo, ertaga yomg'ir yog'sa ham sayyohatga jo'nayman.

아마 그는 못 올 겁니다.
Nazarimda u kelolmaydi.

제발, 떠들지 마라.
Xudo haqqi, shovqin solma.

부디, 안부 전해 주십시오.
Iltimos, salomimni yetkazing.

아무쪼록, 빨리 오십시오.
Iloji boricha, tezroq keling.

7 Bog'lovchi ravishlar (접속부사)

Bu ravishlar so'z bilan so'zni, yoki gaplarni bir-biriga bog'lash uchun ishlatiladi.

Eslatma 3

Ba'zi koreys tili garmmatika kitoblarida 그리고, 그러나, 그래서, 그래도 kabi sof bog'lovchilar ravishga kiritilgan bo'lsa-da, o'zbek tili grammatikasida bu bog'lovchilar yordamchi so'z turkumiga kiradi. Bu haqda batafsilroq "Bog'lovchi" '접속사' bo'limidan bilib olishingiz mumkin.

1) 즉

Bu ravish xuddi, ayni, naq, chunonchi, masalan, ya'ni, aynan kabi ma'nolarni ifodalaydi.

사랑은 즉, 인간의 가장 큰 의무이며 권리입니다.
Aynan muhabbat insonning eng katta burchi va huquqidir.

시간은 즉, 금이다.
Vaqt bu oltin.

그것이 즉 내가 바라는 바다.
Bu men aynan orzu qilgan narsam.

2) 또(또한)

Yana, yana qaytadan, shuningdek, shu bilan birga kabi ma'nolarni beradi.

그 밖에 또 다른 비용이 있을 것도 생각해야 한다.
Bundan boshqa yana chiqim bo'lishi mumkinligi haqida ham o'ylash kerak.

비가 오는데 또 바람까지 분다.
Yomg'ir yog'ayapti, yana shamol ham esayapti.

그는 오늘도 또 나타나지 않았다.

U bugun ham qaytadan ko'rinmadi.

그녀는 아름다울 뿐 아니라 또한 착하다.

U qiz nafaqat go'zal, yana oq ko'ngil ham.

3) 도리어

Aksiga, aksincha, boshqacha, kutilmaganda kabi ma'nolarni beradi.

도와주려고 한 일이 도리어 폐가 되었다.

Yordam bermoqchi edim, aksincha halaqit qildim.

형보다도 도리어 아우가 크다.

Aksincha, ukasi akasidan baland.

약간의 술은 도리어 약이다.

Spirtli ichimlikning oz miqdori, aksincha, dori bo'ladi.

4) 오히려

Aksiga, aksincha, qarama-qarshi, o'ylagandan boshqacha.

이것이 저것보다 오히려 낫다.

Bu unga qaraganda aksincha yaxshi bo'lmoqda.

그는 시인이라기보다 오히려 소설가다.

U shoirdan ko'ra aksincha yozuvchi.

5) 더구나(더군다나)

Buning ustiga, qo'shimcha ravishda, -ga qaraganda kuchliroq, degan ma'nolarni anglatadi.

비가 오는데 더구나 바람까지 분다.

Yomg'ir yog'ayapti, buning ustiga shamol ham esayapti.

그는 부모도 없고 더군다나 나이도 어리다.

Uning ota-onasi ham yo'q, buning ustiga yoshi ham kichkina.

기침이 심하고 더구나 열도 납니다.

Yo'tali kuchli, uning ustiga isitmasi ham bor.

6) 하물며

Ayniqsa, buning ustiga, xususan.

쌀 살 돈도 없는데 하물며 옷 살 돈이 있으랴.
Guruchga pulim yo'q, kiyimga pul qayerda bo'lsin.

그는 영어도 모르거늘 하물며 불어를 할 수 있으랴.
U ingliz tilini bilmaydi, buning ustiga fransuz tilini qayerda gapira olsin.

새도 은혜를 아는데 하물며 인간에 있어 서랴!
Qushlar ham inoyatni bilishadi, insondanda ko'proq!

3 Ravishlarning gapdagi o'rni (부사의 위치)

Koreys tilida odatda ravishlar so'z, so'z birikmasi holida gapning boshida keladi. Ravishlarning noto'gri joylashuvi gapdagi ma'noni buzishi mumkin. Bir gapda bir necha ravish ketma-ket keladigan bo'lsa, ular quyidagi tartibda joylashtiriladi: gap ravish + payt ravishi / o'rin + umumiy ravish + inkor ravishi:

저렇게 잘 못 달리는 자동차는 처음 본다.
Bunchalik yaxshi yurolmaydigan mashinani birinchi ko'rishim.

아마, 내일 아주 많은 눈이 내릴 것입니다.
Chamasi ertaga juda ko'p qor yog'sa kerak.

1 **Qo'shma ravishlar (복합부사)**

1) **명사 + 형용사:** 밤낮, 오늘날, 여기저기

2) **관형사 + 명사:** 한바탕, 한층

3) **동사의 관형사형 + 의존명사:** 이른바, 된통

4) **부사 + 부사:** 곧잘, 잘못, 좀더

5) **반복어:** 오래오래, 소곤소곤, 반짝반짝

2 **Yasama ravishlar (파생부사)**

1) **-이:** 같이, 굳이, 많이, 높이, 길이, 고이, 바삐, 깨끗이

2) **-히:** 천천히, 쓸쓸히, 넉넉히, 조용히, 부지런히, 무던히

3) **-로:** 진실로, 참으로, 대대로, 주로

4) **-오/우:** 너무, 자주, 도로, 바투

Ravishlar turli so'z turkumlari fe'l, ot, sifatdan taqlidiy so'zlardan yasovchi qo'shimchalar bilan yasaladi. Bular: -이/히/리, -오/우, -고/코, -로, -게, -스럽게

가. 자연히, 정말로, 진실로 　　[명사에서 - otdan ravish]

나. 비로소, 마주, 결단코 　　[동사에서 - fe'ldan ravish]

다. 많이, 멀리, 빨리, 같이 　　[형용사에서 - sifatdan]

1-misolning 가. dagi -히 otga qo'shilib ravish hosil qilgan, bulardan boshqa 다행히, 공손히 kabi (한자어) o'zlashma so'zlar ham bor.
정말로, 실로 lar otga -로 shakl (vosita kelishigi) yasovchi qo'shimcha bo'lsa-da, gapdagi o'rniga qarab uni so'z (ravish) yasovchi deymiz.

1-misolning 나. qismini ko'radigan bo'lsak, 비로소 so'zi 비롯 + 오 shaklidan yasalgan deb taxmin qilish mumkin. Zamonaviy koreys tilidagi 비롯하다 ga qaraganda, o'rta asrlar tilidagi 비롯다 bilan aloqador fe'ldan yasaldi. 마주 so'zi 맞 ga + 우 qo'shilishida yasalgan. Bu kabi fe'l va sifatdan yasalgan hosil bo'lgan so'zlar ko'pchilikni tashkil etadi. '너무, 하도' lar fe'lga, 고루, 바투, 자주 lar sifatga 우 qo'shilishidan yasalgan. 결단하 + 고 = 결단코 tarzida yasalgan bo'lishi mumkin. 단정코, 무심코, 한사코 ham shunga asoslanadi.

1-misolning 다. sidagi –이(리) sifatdan ravish yasovchi asosiy qo'shimcha hisoblanadi. –리 yasovchisi –르 bilan yoki padchim (받침) bilan tugagan sifatlar (디르다, 멀다, 삐르다) dan ravish yasaydi: 멀리, 빨리, 달리. –이 yasovchisi nafaqat sifatlardan, takroriy ot va taqlidiy so'zlardan ham ravish yasaydi. 많이 (sifat), 곳곳이, 집집이 (takroriy ot), 살며시(서렷이) - 살몃살몃 (taqlidiy so'z).

이 문제에 대해서 깊이 생각해 봅시다.
Bu muammo to'grisida chuqur o'ylab ko'ramiz.

그녀는 매우 사랑스러운 사람입니다.
U qiz judayam sevimli odam.

저는 진실로 당신을 믿습니다.
Men chindan senga ishonmayapman.

12 Qo'shimchalar
(Kelishik kategoriyasi) (어미)

B O B

1 Qo'shimcha tushunchasi (어미의 개념)

Qo'shimchalar asosan ot so'z turkumlari bilan bog'lanib qo'shimcha
ma'noni beradi. Ular ot va otlashgan so'zlarhning boshqa so'zlar bilan
grammatik aloqasini ko'rsatishga xizmat qiladi, shu so'zlarning gapdagi
vazifasini belgilaydi. O'z xususiyatiga ko'ra ular kelishik qo'shimchalar,
yordamchi qo'shimchalar va bog'lovchi qo'shimchalarga bo'linadi. Undan
tashqari bunday qo'shimchalar butun bir gapga tegishli bo'lib, uning
ma'nosini ta'kidlab, kuchaytirib, chegaralab kelishi, so'roq ma'nolarini
bildirib kelishi, hamda, alohida so'zlarga bog'liq holda shu so'zning
qo'shimcha ma'nolarini, ma'no nozikliklarini ifodalashi mumkin.

분류 (qo'shimcha turlari)			형태 (shakli)
격조사 (kelishik qo'shim-chalari)		주격조사 (bosh kelishik)	–이/가, –께서
		목적격조사 (tushum kelishigi)	–을/를
		서술격조사 (predikativ kelishik)	–이다
		관형격조사 (qaratqich kelishigi)	–의
		보격조사 (to'ldiruvchi kelishik)	–이/가
		호격조사 (atash kelishigi)	–아/야, –(이)여
	격조사 (holat kelishigi)	여격조사 (jo'nalish kelishigi)	–에, –에게, –한테, –께
		처격조사 (chiqish kelishigi)	–에서, –에게서, –한테서
		조격조사 (vosita kelishigi)	–으로
보조사 (yordamchi qo'shimchalar)			–은/는, –만, –도, –부터, –까지, –부터 –까지, –밖에, –든지, –조차, –마저, –마다, –(이)나, –(이)야, –보다, –처럼
접속조사 (bog'lovchi qo'shimchalar)			–와/과, –하고, –(이)랑, –(이)며

32 jadval

1 Kelishik qo'shimmchalari (격조사)

Kelishik kategoriyasi ot va otlashgan so'zlarning boshqa so'z bilan grammatik aloqasini ko'rsatishga xizmat qiladi, shu so'zlarning gapdagi vazifasini belgilaydi. Otning kelishik bilan turlanishi ma'no talabi bilan yuz beradi. Ot kelishik shakli bilan kelib, gapda boshqa so'zlar bilan grammatik aloqaga kirishadi, ma'lum sintaktik vazifani bajaradi. Ega qo'shimchasi - bosh kelishik, to'ldiruvchiga - tushum kelishigi, kesimga esa predikativ, holga holat, jo'nalish, o'rin-payt, chiqish kelishigi qo'shiladi. Koreys tilida o'zbek tilida yo'q bo'lgan chaqirish kelishigi, kesimga qo'shuluvchi predikativ kelishik va ot-kesimga qo'shiluvchi to'ldiruvchi kelishiklar mavjud.

1) Bosh kelishik qo'shimchasi (주격조사)

> -이/가, -께서

① Bosh kelishik otga qo'shilib, ega vazifasida keladi.

눈이 내린다.
Qor yog'ayapti.

날씨가 추워요.
Havo sovuq.

이름이 무엇입니까?
Isming nima?

② -께서 bosh kelishik qo'shimchasining hurmatni ifodalaydigan shakli bo'lib, u egaga nisbatan qaratilgan bo'ladi. Egaga -께서 qo'shilganda kesim -(으)시 ehtirom shaklini oladi.

선생님께서 지금 편지를 쓰십니다.
O'qituvchimiz hozir xat yozayaptilar.

할아버지께서 진지를 드십니다.
Bobom ovqatlanayaptilar.

Eslatma 1

Gap tashkilot, birlashma yoki jamoat haqida ketganida, bosh kelishik qo'shimchasi chiqish kelishigi (–에서) shaklida keladi.

우리 학교에서 승리했습니다.
Bizning maktab g'olib chiqdi.

정부에서 물가를 인상했습니다.
Hukumat narxni ko'tarib bormoqda.

Eslatma 2

Odamlarni hisobini bildirgan sonlardan keyin bosh kelishik qo'shimchasi bilan birga –서 shakli ham qo'llaniladi.

너희 둘이서 뭐 하니?
Sen ikkoving nima qilayapsan?

우리 둘이서 힘을 합해 봅시다.
Biz ikkimiz kuchimizni birlashtiramiz.

Eslatma 3

Ba'zi gaplarda bosh kelishik qo'shimchasini olgan ega gapda ikki martadan ortiq qo'llanilishi mumkin. Bunday holatda koreys tilidagi gaplardagi 1-ot ega, 2-si esa ot-kesim bo'lib keladi. O'zbek tiliga tarjima qilinganda 1-si aniqlovchi, 2-si ega tarzida tarjima qilinadi.

아파트가 난방이 잘 된다.
Xonadonning isitish tarmog'i yaxshi ishlayapti.

할아버지가 무슨 돈이 많으시겠니?
Bobomning qanday puli ko'p bo'lishi mumkin?

2) **Tushum kelishigi (목적격조사)**

> **-을/를**

① Tushum kelishigi otga qoʻshilib vositasiz toʻldiruvchi vazifasini bajaradi. Tushum kelishigida kelgan soʻz feʻl anglatgan ish-harakatni bevosita oʻziga qabul qilgan narsani ifodalaydi. Agar ot unli bilan tugasa -를 shakli qoʻllanadi. -을 shakli esa undosh bilan tugagan otdan keyin qoʻllaniladi. Baʻzan tushum kelishigi -ㄹ tarzida qisqartilrilib yoziladi.

그분은 그림을 잘 그립니다.
U kishi rasmni yaxshi chizadi.

난 당신을 사랑합니다.
Men seni sevaman.

② Baʻzan boshqa yuklamalar yoki inkor qoʻshimcha shakllari birlashib kuchaytiruvchi maʻnoni ifodalaydi, baʻzan -를 qisqargan shaklda -ㄹ qoʻllaniladi.

몇 시쯤 집에를 가세요?
Soat nechalarda uyga qaytasiz?

전 지방으로 자주 출장 갑니다.
Men tez-tez xizmat safariga chiqib turaman.

3) **Predikativ (kesim) kelishik (서술격조사)**

> **-이다**

Predikativ kelishik -이다 ot kesim bilan qoʻllaniladi. Predikativ kelishik feʻl kabi tuslanadi, qoʻshimchalarning erkin tartibi feʻl bilan farqlanadi.

그는 화가이다.
U rassom.

그것은 저의 사진입니다.
Bu mening rasmim.

4) **Qaratqich kelishigi (관형격조사/소유격조사)**

-의

Qaratqich kelishigi ot-so'z turkumlariga qo'shilib, ushbu ot, odatda, boshqa bir so'zni o'ziga qaratib keladi va "qaratuvchi" deb ataladi. Qaratilgan so'z "qaralmish" deyiladi, gapda aniqlovchi vazifasida keladi. Qaratqich kelishigini olgan so'zlar kimning? nimaning? so'roqlariga javob bo'ladi. Koreys tilida atoqli qo'shma ot turiga kiradigan otlarda qaratqich kelishigi belgisiz shaklida kelishi mumkin.

나는 세계언어대학교 국제신문방송학과에서 한국어를 공부합니다.
Men Jahon tillari universiteti xalqaro jurnalistika fakultetida koreys tilini o'rganaman.

이것은 나의 가방입니다.
Bu mening sumkam.

※ Qaratqich kelishigini olgan olmoshlar o'zgarishi mumkin.

나의 = 내, 너의 = 네; men – mening, sen – sening

그것은 네 것입니까?
Anavi siznikimi?

※ Belgisiz qaratqich otlar gapda birdan ortiq bo'lib uyushib kelganida -ning affiksini olishi ham olmasligi ham mumkin. Turdosh otlar - olmoshdan iborat bo'lgan so'zlar xususiy xoslikni ifodalaydigan bo'lsa qaratqich kelishigi belgisiz qo'llaniladi: 차 소리.

아버지께 안부 전해 주세요.
Otamlarga salom aytib yuboring.

5) **To'ldiruvchi kelishik (보격조사)**

-이/가 (아니다/되다)

이/가 to'ldiruvchi kelishigi bosh kelishik qo'shimchalaridan farq qilib, 아니다, va 되다 fe'llarini talab qiladi. Agar oldingi bo'g'in undosh bilan tugasa 이, unli bo'lsa 가 qo'shiladi va u "bo'lmoq, emas" deb tarjima qilinadi.

그 사람은 나쁜 사람이 아닙니다.
U odam yomon odam emas.

저의 꿈은 조종사가 되는 것입니다.
Mening orzuim uchuvchi bo'lish.

6) Atash kelishigi (호격조사)

-아/야, -(어)여

Koreys tilida biror kishini chaqirganda uning ismi bilan yoki ismiga atash kelishigini qo'shib chaqirishadi va u tarjima qilinmaydi. Bu og'zaki nutqqa xos xususiyat hisoblanadi.

철수야, 어디 가니?
Cholsu qayerga ketyapsan?

그때야, 옛날 기억이 납니다.
Azizam, esingdami o'sha vaqtlar.

7) Ravish (holat) kelishigi (부사격조사)

Holat kelishigi qo'shimchalariga holat ma'nosini beradigan qo'shimchalar kiradi. Ular otga qo'shilib jo'nalaish, o'rin-payt, chiqish va vosita ma'nolarini beradi.

① Jo'nalish kelishigi (여격조사)

-에게/한테, -께, -에

ⓐ Odam va hayvonga nisbatan 에게 va 한테 ishlatiladi. Qolgan barcha hollarda -에 ishlatiladi.

나는 친구에게 결혼 선물을 보냈습니다.
Do'stimga to'y sovg'asini yubordim.

사랑하는 여자에게 편지를 썼습니다.
Sevgilimga xat yozdim.

ⓑ 께 qo'shimchasi 한테 va 에게 nisbatan hurmat ma'nosi kuchli, shu sababli ham bu shaklni o'zidan kattalarga nisbatan qo'llaniladi.

선생님께 안부를 전해 주세요.
O'qituvchimizga salom aytib qo'ying.

시아버지께 상태를 설명해 드렸습니다.
Qaynotamga ahvolni tushuntirdim.

Eslatma 4

–에 qo'shimchasi jo'nalish kelishigidan tashqari quyidagi hollarda ham qo'llaniladi.

1 Kengaygan harakatdagi obyektning ish-harakat yo'nalishi, vaqtini ifodalash uchun qo'llanadi. Obyektning o'zi suhbat mavzusi bo'lganda –에 관하여, –에 대하여, birikmalari qo'llaniladi va ortiqroq, ko'proq aniqlik ma'nolarini beradi.

나는 학교에 갑니다.
Men maktabga ketyapman. (o'rin)

새벽에 일어났다.
Erta tongda turdim. (vaqt)

너의 의견에 찬성한다.
Sening fikringga qo'shilaman.

전통 악기에 관해 설명해 주십시오.
Milliy musiqa asboblari haqida gapirib bering.

그 사람에 대한 소식을 들었습니다.
Bu odam haqida yangilikni eshitdim.

2 Harakat sababi yoki manbasini ko'rsatadi.

빗소리에 잠을 깼습니다.
Yomg'ir tovushidan uyg'onib ketdim.

바람에 나무가 쓰러졌습니다.
Shamoldan daraxt ag'anab tushdi.

그만한 일에 화를 내지 마세요.
Arzimas ishga jahl qilmang.

3 Usul yoki vositani ko'rsatadi. –에 의한 birikmasi bilan qo'llanganda yanada aniqroq ma'noni beradi.

당근을 물에 씻으세요.
Sabzini suvda yuving (suv bilan).

불에 의한 사고는 정말 끔찍합니다.
Yong'in balosi rostdan dahshatli.

사라에 의한 충고는 값진 것입니다.
Sevgi haqidagi maslahat qimmat bo'ladi.

4 Baholash mezoni.

과일을 얼마에 사셨어요?
Buni qanchaga oldingiz?

철에 따라 계절이 바뀐다.
Tabiat faslga qarab o'zgaradi.

이 약은 내 건강에 아주 필요합니다.
Bu dori sog'lig'im uchun juda zarur.

② O'rin-payt va chiqish kelishigi (처격조사)

–에, –에서, –에게(서), –한테(서)

ⓐ –에 o'rin-payt kelishigi (시간의 부사격조사) vaqt ma'nosidan tashqari, o'rin ma'nosi (처소의 부사격조사) ham beradi. Bu qo'shimcha ba'zan –에서 bilan sinonim bo'la.

제가 산(구입한) 책이 어디에 있는지 압니까?
Men sotib olgan kitobni qayerdaligini bilmaysizmi?

학교 앞에서 만납시다.
Maktab oldida uchrashsamiz.

우리는 주말에 학교 앞에서 몇 시에 만날 거예요?
Biz dam olish kunida maktab oldida soat nechada uchrashamiz?

O‘rin-payt kelishigi bo‘lgan –에서 shu shakldagi chiqish kelishigidan gapning ma‘nosiga ko‘ra farqlanadi. 저는 교육원 근처에서 삽니다. Ushbu gapni "Men koreys ta‘lim markazi yaqinidan yashayman", deb tarjima qilib bo‘lmaydi.

ⓑ –에서 qo‘shimchasini olgan so‘z shaxs va predmetning chiqish, o‘rni, harakat va holatning boshlanish nuqtasi kabi ma‘nolarni ifodalaydi.

시장에서 과일을 샀습니다.
Bozordan mevalar sotib oldim.

저는 한국에서 왔습니다.
Men Koreyadan keldim.

ⓒ '-에게(서)', '한테(서)' kelishik qo‘shimchalari otga qo‘shilib shaxs va jonivorga nisbatan chiqish, o‘rin manbaini bildiradi.

그 소문을 누구에게(서) 들었습니까?
Bu xabarni kimdan eshitding?

선생님께(서) 한국어를 배웠습니다.
O‘qituvchidan koreys tilini o‘rgandim.

개한테서 나쁜 냄새가 나요.
Itdan yomon hid kelayapti.

Eslatma 5

–에서, –에 qo‘shimchalari sinonim bo‘lib, ularning har ikkisi ham o‘rinni bildiradi. Biroq ularning qo‘llanishi turlicha bo‘lib, ular bir-birini o‘rniga almashib kela olmaydi. Kesim talab qilgan ma‘noga ko‘ra ot 에 yoki 에서 shaklidan birini oladi. Quyidagi gaplarda ularni qo‘llanish usuli ko‘rsatilgan:

시장에 갑니다.
Bozorga ketyapman. (Yo‘nalish)

시장에서 야채를 샀습니다.
Bozordan sabzavotlar sotib oldim. (harakat o‘rni)

운동장에 갑니다.
O‘yin maydonchasiga ketyapman.

운동장에서 축구를 합니다.

Maydonchada futbol o'ynaymiz.

어제 극장에 갔어요 그리고 극장에서 재미있는 연극을 보았습니다.

Kecha teatrga bordik va u yerda ajoyib spektaklni tomosha qildik.

③ **Vosita kelishigi** (조격조사)

-(으)로

ⓐ 으로 vosita kelishigi asosiy ma'nosi biror bir harakatning vositasi yoki usulini ko'rsatadi. Ot unli bilan tugagan bo'lsa -로, ㄹ dan boshqa undosh bilan tugasa 으로 qo'shiladi. ㄹ bilan tugagan otlardan keyin 로 yoziladi.

대학교에 지하철로 갑니다.

Universitetga metroda boraman.

사진으로 설명합니다.

Rasm bilan tushuntiraman.

산에는 돌로 만드는 집이 많다.

Tog'da toshdan yasalgan uy ko'p.

ⓑ '-(으)로(서)' qo'shimchasi otga qo'shilib, kishining mavq'e va mahorati, malakasini ifodalaydi.

어머니는 아들을 훌륭한 사람으로 키웠습니다.

Ona bolalarini ajoyib odam qilib o'stirdi.

그분은 의사로서 병원에서 일합니다.

U shifoxonada shifokor bo'lib ishlaydi.

Eslatma 6

-(으)로 turli ma'nolarni beruvchi qo'shimcha kelishik sifatida ham ishlatiladi.

1 Harakatning so'nggi qismini (yo'nalishini) ko'rsatadi.

어디로 가세요?

Qayerga ketyapsiz?

헛소문을 사실로 들어서 속상했습니다.

Bu yangilikni chindan ham eshitib xayron qoldim.

물이 얼어서 얼음으로 되었습니다.

Suv sovuqdan muzga aylandi.

2 –(으)로 biror bir ish-harakat va hodisaning asosini yoki sababini ifodalash uchun qo'llaniladi.

무슨 일로 오셨어요?

Qanday ish bilan kelding?

회사 일로 한국에 갔습니다.

Firma ishi tufayli Koreyaga bordim.

Eslatma 7

Agar ravish (holat) kelishiklarining bu qo'shimchalarini mazmuniga ko'ra bo'lib chiqadigan bo'lsak, quyidagicha bo'ladi.

처소/소재지/소유 (harakat o'rni/joylashgan o'rni/egalik)	–에서, –에, –에게, –한테
지향점/낙착첨 (jo'nalish nuqtasi/oxirgi nuqtasi)	–에, –에게, –한테, –(으)로
출발 (chiqish o'rni)	–에서, –에게서, –한테서
원인/이유 (sabab)	–에, –으로
재료/도구/방법/경로 (material/asbob/usul/yo'nalish)	–으로/으로써
자격 (soha (kimningdir xususiyati))	–으로/으로써
변화 (o'zgarish)	–으로

(33 jadval)

Yordamchi qo'shimchalar kelishikni emas ot va unga bog'lanib kelgan so'zga asosiy ma'no beradi va aniqlaydi. Bundan tashqari yordamchi qo'shimchalar nafaqat ot bilan boshqa qo'shimchalarga, balki, so'z turkumlari ravish hamda fe'l bilan ham keladi. Yordamchi qo'shimchalar boshqa kelishik qo'shimchalari bilan birga qo'llanganda kuchaytirilgan ma'no beradi.

1) -은/는

Bu qo'shimcha suhbat mavzusini ajratishda qarama-qarshi ifoda sifatida qo'llaniladi. Ot bilan qo'llanganda ega va to'ldiruvchi vazifasini bajarib, bosh va tushum kelishigi qo'shimchalari –은/는 ga almashadi.

저분은 화가입니다.
Anau kishi rassom.

바빠서 일찍은 못 갑니다.
Band bo'lganim uchun erta borolmayman.

그 일만은 할 수 없습니다.
Bu ishni qilolmayman.

2) -만 faqat, -gina

Aynan mana shu obyektni tanlash ma'nosini kuchaytiradi va cheklangan farqni beradi. Otdan keyin keluvchi –만 qo'shimchasi 1-o'rinda ega va to'ldiruvchi bilan qo'shilib keladi. Shu tufayli deyarli barcha bosh va tushum kelishiklari tushib qoladi.

듣기만 하고는 알 수 없다.
Faqat eshitish bilan bilib bo'lmaydi.

빵으로만 살 수 없다.
Faqat non bilan yashab bo'lmaydi.

그 편지를 저한테만 보여 주십시오.
Bu xatni mengagina ko'rsating.

3) **-도 ham; ham...ham**

-도 qo'shimchasi birini boshqasiga o'xshashligini bildiradi yoki bog'lovchilik ma'nosiga ega bo'lishi mumkin.

저도 학생입니다.
Men ham talabaman.

바람도 불고 비도 옵니다.
Shamol ham esmoqda, yomg'ir ham yog'moqda.

4) **-부터**

Bu qo'shimcha vaqtni yoki dastlabki nuqtadan jo'nab ketish, boshlanishni ifodalaydi.

오늘 새벽부터 음식을 준비했습니다.
Bugun ertalabdan boshlab ovqatni tayyorladim.

손부터 씻고 먹어야 합니다.
Avval qo'llarni yuvib keyin taomlanish zarur.

5) **-까지**

① -까지 qo'shimchasi mavjud muayyan cheklangan vaqt va joy o'rtasidagi qandaydir oxirgi nuqtani bildiradi. Ot yoki ravish va ularning so'roq so'ziga qo'shiladi. O'zidan oldin turli qo'shimchalarni olishi mumkin.

어제 밤늦게까지 책을 보았습니다.
Kecha kechqurungacha kitob o'qidim.

다시 만날 때까지 안녕히 계십시오.
Yana uchrashguncha xayr.

② Buning ustiga, bilan birga, xattoki ma'nosini beradi.

비가 오고 바람까지 불어요.
Yomg'ir yog'ayapti buning ustiga shamol ham esayapti.

밥에다 커피까지 마셨습니다.
U nafaqat ovqatni, xattoki, qahvani ham ichib qo'ydi.

-부터 -까지 juft qo'shimchasi bir vaqtning o'zida boshlanish nuqtadan keyingisiga qadar bo'lgan belgilangan vaqt va joyni, jo'nab ketish va yetib kelishni anglatadi.

집에서부터 지하철역까지 걸어 다닙니다.
Uydan metrogacha piyoda qatnaydi.

12시부터 2시까지가 점심시간입니다.
Soat 12dan 2gacha tushlik vaqti.

6) **-밖에**

-밖에 Bu qo'shimcha doimo inkor so'zlar bilan qo'llanadi.

① Ot so'z turkumi va sifat bilan qo'llanilib boshqa, faqat, yolg'iz, atigi, xolos, kabi ma'nolarni ifodalaydi.

너밖에 없다.
Sendan boshqa hech kim yo'q.

저 사람은 자기밖에 모릅니다.
U odam o'zidan boshqani bilmaydi.

② -수밖에 ibora singari qo'llanilib, qilingan ishdan boshqa hech narsa qolmagan holatni ifodalaydi. O'zbek tiliga "boshqa iloj yo'q"deb tarjima qilinadi.

내가 참을 수밖에 없다.
Sabr qilishdan boshqa iloj yo'q.

밖에서 기다리는 수밖에는 다른 방법이 없습니다.
Ko'chada kutishdan boshqa iloj yo'q.

다른 방법을 찾는 수밖에 없습니다.
Boshqa chorasini qidirishdan o'zqa iloj qolmadi.

7) -(이)든지

So'zlovchi aniq tanlamagan, hali o'ylab ko'rmagan holat haqida gapiriladi.
Ba'zan -(이)든지~(이)든지 birikmasi hamda -(이)든 shakli ham qo'llaniladi.
O'zbek tiliga "nima bo'lsa ham", deb tarjima qilnadi.

책이면 무엇이든지 읽겠다.
Kitob bo'lsa har qandayini o'qiyveraman.

밥이든지 빵이든지 무엇이라도 먹어야 힘이 나지요.
Ovqatmi, nonmi nima bo'sa ham yeb kuch to'plash kerak.

누구든지 우리집으로 오세요.
Kim bo'lsangiz ham bizning uyga keling.

모르는 것이 있으면 무엇이든지 물어보십시오.
Bilmagan narsangiz bo'lsa nima bo'lsa ham so'rayvering.

8) -조차

-조차 qo'shimchasi biror bir fakt bilan birlashib mos bo'lmagan va
kutilmagan faktni ko'rsatib xatto(ki), shunday bo'lsa ham, deb tarjima
qilinadi. Buyruq gap va undov gapda bu shakl ishlatilmaydi.

어린이조차 다 아는 사실이에요.
Xatto yosh bola ham biladigan fakt.

당신조차 나를 못 믿겠습니까?
Xatto sen ham menga ishona olmaysanmi?

그는 자기 이름조차 못 쓴다.
U o'z ismini ham yozolmaydi.

9) -마저

Ushbu qo'shimcha biror-bir narsani qo'shish yoki uni jalb etishni ifodalash
uchun qo'llaniladi. Shuningdek, "hammasi oxirigacha qoldirilishi" ma'nosini
ham beradi. U o'zbek tiliga xatto(ki), ham, deb tarjima qilinadi.

너마저 그런 말을 해?
Xatto sen ham shu gapni gapirayapsanmi?

동물마저 사랑을 알아요.

Xatto hayvonlar ham sevgini bilishadi.

그는 집마저 팔았다.

U (xatto) uyini sotdi.

10) -마다

Otga qo'shilib "har.., har bir" kabi ma'nolarni ifodalaydi.

날마다 운동을 합니다.

Har kun sport bilan shug'ullanaman.

사람마다 성격이 다릅니다.

Har bir odamning fe'l-atvori turlicha.

나라마다 문화가 다릅니다.

Har bir davlatning madaniyati turlicha.

11) -(이)나

Tanlash ma'nosini anglatadi.

① Ikki ot orasida qo'llanilib, ikkisidan birini tanlashni ifodalaydi va bo'linganlik ma'nosini beradi, o'zbek tiliga "yo, yoki" deb tarjima qilinadi.

커피나 홍차를 주십시오.
Qahva yoki qorachoy bering, iltimos.

일본이나 한국에 가고 싶습니다.
Yaponiyaga yoki Koreyaga borishni xohlayman.

② Agar -(이)나 qo'shimchasi otga qo'shilsa undan keyin keladigan fe'lga ko'proq urg'u tushadi. Bundan tashqari bu qo'shimcha qo'shilib kelgan predmetni yoki otni tanlash chegarasi mavjudligini bildiradi.

주말인데 극장에나 갑시다.
Bugun yakshanba teatrga boramiz.

놀지만 말고 책이나 읽으세요.
O'ylamasdan kitobni o'qing.

③ -(이)나 so'roq gaplarga, ot va otlashgan so'zlarga qo'shilib, asosan, hisobni anglatadi. O'zbek tiliga -lar qo'shimchasi yordamida tarjima qilinadi.

손님이 몇 명이나 오세요?
Mehmon necha kishilar keladi?

그 아기가 몇 살이나 되었어요?
Bu bola necha yoshlarga to'ldi?

④ -(이)나 qo'shimchasi umumiy sanoqni, kutilgandan ortiq sonni ifodalaydi. O'zbekchada -lab qo'shimchasi yordamida tarjima qilish mumkin.

저는 어제 열 시간이나 잤습니다.
Men kecha o'n soatlab uxlabman.

하루에 커피를 일곱 잔이나 마십니까?
Bir kunda yetti chashkalab qahva ichasanmi?

⑤ -(이)나 qo'shimchasi so'roq olmoshlari bilan qo'llanganda aniqlanmagan nimanidir tanlashni ko'rsatadi va o'zbekchaga o'zi qo'shilgan olmoshga qarab "har kim, har nima, har qanday, har qachon, har qancha" yordamida tarjima qilinadi.

누구나 그 도서관에서 공부할 수 있습니다.
Har kim u kutubxonada o'qishi mumkin.

그 사람은 무엇이나 할 줄 압니다.
U odam har narsani qila oladi.

12) -(이)야

Bu qo'shimcha chegaralangan taqqoslash mazmuniga ega bo'lib, "albatta, shubhasiz" yoki "tabiiyki, shunday" ma'nolarini ta'kidlaydi. O'zbek tiliga nihoyat, faqat so'zlari va qo'shimchasi orqali tarjima qilinishi mumkin.

그가 떠난 지 한 달이 지나서야 연락이 왔다.
Uning jo'nab ketganiga bir oy o'tibgina xabar keldi.

꼭 시험에 합격하고야 말겠습니다.
Albatta imtihondan o'tibgina hotirjam bo'laman.

13) -보다

-보다 qo'shimchasi ikkidan ortiq ma'noni taqqoslaganda qo'llaniladi.

수학보다 역사가 더 재미있습니다.
Matematikaga qaraganda tarix qiziqroq.

겨울보다 봄에 비가 많이 와요.
Qishga qaraganda bahorda yomg'ir ko'proq yog'adi.

오늘 날씨가 어제보다 더 따뜻합니다.
Bugun havo kechagidan iliq.

14) -처럼

Qo'shimchasi ikki narsani taqqoslaganda o'xshashlikni ko'rsatadi, va "kabi, singari, o'xshash" degan ma'nolarni anglatadi.

이 물건은 쇠처럼 무거워요.
Bu buyum temirga o'xshab og'ir.

나처럼 따라해 보세요.
Menga o'xshab takrorlang.

13 Bog'lovchilar (접속사)

1 Bog'lovchilar tushunchasi (접속사의 개념)

Gap bo'laklarini yoki qo'shma gapning qismlarini bog'lash uchun xizmat qiladigan yordamchi so'zlar bog'lovchi deyiladi. Koreys tilida bog'lovchilar 그러하다 va 그리하다 fe'llarining turlangan va yangi tarkib topgan so'z ko'rinishidir.

2 Bog'lovchi so'zlar (접속조사)

1 va, hamda, shuningdek (그리고)

1) Bu teng bog'lovchiular gap bo'laklari va gaplarni bir-biriga bog'lashga xizmat qilib, bir vaqtlilik, ketma-ketlik, natija, zidlik munosabati ma'nolarini anglatadi. Gapda va, hamda, bilan, ham bog'lovchilari yordamida o'zbek tiliga tarjima qilinishi yoki umuman tarjima qilinmasligi mumkin.

방을 먼저 치우고 그리고 공부를 시작했다.
Avval xonani tozalaymiz va darsni boshlaymiz.

동생은 커피를 좋아합니다. 그리고 형은 차를 좋아합니다.
Ukasi qahvani yaxshi ko'radi, akasi esa choyni xush ko'radi.

어젯밤에 바람이 불었습니다. 그리고 비도 왔습니다.
Kecha tunda shamol bo'ldi, hamda yomg'ir yog'di.

2) Ketma-ket bo'lib o'tgan hodisani, birini izidan ikkinchi harakatni anglatadi.

자, 오 분 쉬겠습니다. 그리고 다시 합시다.
Besh daqiqa dam olamiz, keyin yana ishni davom ettiramiz.

방부터 먼저 치우고 그리고 공부를 시작했다.
Avval xonani tozalaymiz, keyin o'qishni boshlaymiz.

2 **ammo, biroq (그렇지만)**

Ikkinchi gapdagi harakat, birinchisiga zid bo'ladi.

나는 노래를 잘 부릅니다. 그렇지만 부채춤은 출 수 없습니다.
Men qo'shiqni yaxshi kuylayman, ammo puchechum raqsiga tusha olmayman.

그렇지만 bog'lovchisidan keyingi ot 은/는 yordamchi qo'shimchasini oladi.

3 **ammo, biroq (그러나)**

Mazmunan bir-biriga qarama-qarshi qo'yilgan bo'laklarni yoki gaplarni bog'lash uchun xizmat qiladi. Biroq, ammo, lekin bog'lovchilari yordamida o'zbek tiliga tarjima qilinadi.

나의 여자 친구는 예쁘지 않습니다. 그러나 성격이 좋습니다.
Mening yaxshi ko'rgan qizim chiroyli emas, ammo fe'l-atvori ajoyib.

그들은 다 낚시질하러 갔다. 그러나 나는 집에 있었다.
Ular barchasi baliq tutishga ketdi, biroq men uyda qoldim.

4 **shuning uchun, shu sababli (그래서)**

Bosh gapdagi asosiy fikrni yuzaga chiqishi uchun amalga oshirilish sababini ifodalaydi. Chunki, shuning uchun, negaki, zeroki, nainki bog'lovchilari yordamida o'zbek tiliga tarjima qilinadi.

감기에 걸렸습니다. 그래서 학교에 갈 수 없습니다.
Shamollab qoldim, shuning uchun maktabga borolmayapman.

어머니께서 편찮으시다. 그래서 내가 대신 왔습니다.
Onam kasal bo'lib qoldilar, shu sababdan o'rniga men keldim.

Birinchi gap, suhbatdosh tomonidan aytilgan bo'lsa, ikkinchi kishi uni gapini sababini izohlab 그래서 bilan davom ettiradi. Boshqacha aytganda, gapning mantiqiy boshlanishi avval aytilgan bo'ladi.

그래서 이렇게 말했지.
Shuning uchun shunday gapirganmiding.

5   unda, unday bo'lsa (그러면)

Oldingi gapga izoh berish, xulosa qilish, tushuntirish kabi ma'nolarda qo'llaniladi. Bu bog'lovchilar deyarli barcha hollarda dialoglarda foydalanilib, unday bo'lsa, unda, u holda deb tarjima qilinadi.

사장님, 손님들이 다 왔습니다.
Janob direktor mehmonlarning hammasi keldi.

그래요? 그러면 회의를 시작합시다.
Shunaqami? Unda majlisni boshlaymiz.

자 그러면 안녕히들 계시오.
Bo'pti unda yaxshi qolinglar.

그러면 곧 그에게 전화를 하지요.
Unday bo'lsa tezda unga telefon qilaman.

그러면 내일 오겠습니다.
U holda ertaga kelaman.

6   그런데

1) Keyingi gap o'zidan oldingi gapga nisbatan mazmun jihatdan qarama-qarshi bo'lsa yoki gap tarkibida ziddiyat bo'lsa, yuqoridagi bog'lovchidan foydalaniladi.

날씨가 추워, 그런데 외투가 없다.
Havo sovuq, biroq palto yo'q.

인물은 좋아, 그런데 키가 좀 작다.
Ko'rinishi yaxshi, biroq bo'yi kaltaroq ekan.

2) Oldingi gapga qo'shimcha izoh, tushuntirish berganda qo'llaniladi.

어제는 수박을 먹었다. 그런데 그것이 배탈의 원인이 되었다.
Kecha tarvuz yegandim, o'sha ichimni buzgan bo'lsa kerak.

어제는 친구 말릭을 만났다. 그런데 그 친구는 벌써 결혼을 했다.
Kecha Malik o'rtog'imni uchratgandim, allaqachon uylanibdi.

7   그러니까

Bosh gapda sabab, ergash gapda uning natijasini ifodalaganda qo'llaniladi.

그 사람은 화가 나면 무서워요. 그러니까 조심하세요.
U odamni jahli chiqsa qo'rqinchli bo'lib ketadi shu sababdan ehtiyot bo'ling.

한국어를 모르니 힘들죠. 그러니까 매일 공부하세요.
Men koreys tilini bilmaganim uchun qiyin. Shunday qilib, har kuni o'rganing.

8   그러면서

Bosh va ergash gapdagi ish-harakat bir vaqtda ro'y berayotganligini ifodalash ushun foydalaniladi.

이 반지는 남자 친구가 주었습니다, 그러면서 나를 좋아한다고 조용히 말했습니다.
Bu uzukni yigitim berdi va meni sevasanmi, deb sekin so'radi.

내일은 우즈벡의 명절이라 했습니다, 그러면서 우리를 초대한다고 했습니다.
Ertaga o'zbeklarning bayrami, deb aytdi va bizni taklif qildi.

9 **그래도**

Asosan dialoglarda qo'llaniladi, so'zlovchining savoliga javob tariqasida
ma'lumot berishni yoki bosh gapdagi holatga zid ravishda ergash gap
kelganda ishlatiladi. O'zbek tilida bu to'siqsiz ergash gapli qo'shma gap
deyiladi va shunda ham, shunday bo'lsa-da, shunga qaramay bog'lovchilari
yordamida o'zbek tiliga tarjima qilinadi.

배가 고프지만, 그래도 기다릴 거예요.
Qornim ochdi, shunga qaramay kutaman.

한국말이 어렵습니다, 그래도 열심히 공부하겠습니다.
Koreys tili qiyin shunday bo'lsa-da, jiddiy o'qiyman.

10 **그러므로**

Bu bog'lovchi o'zbek tiliga demak, bas, shunday ekan, shuning uchun
bog'lovchilari yordamida tarjima qilinadi.

나는 생각한다, 그러므로 나는 존재한다.
Men o'ylayapman, demak men mavjudman.

그러므로, 이번에는 그놈이 무슨 짓을 할지 모른다.
Demak, bu safar u bizga nima tayyorlaganini bilolmaymiz.

11 **그렇지 않으면**

열심히 공부해라, 그렇지 않으면 낙제할 거야.
Qattiq o'qing, bo'lmasa imtihondan yiqilasiz.

그러다가

Shunda, shundan keyin, oqibatda deb tarjima qilinadi.

딜도라는 수업시간에 장난을 쳤습니다. 그러다가 선생님께 혼났습니다.
Dars vaqtida Dildora hazillashgani uchun o'qituvchining achchig'i chiqdi.

3 Bog'lovchi qo'shimchalar (연결어미)

Bog'lovchi qo'shimchalar (연결어미) ikki gapni yoki murakkab (bog'lovchili) gapdagi bo'laklarni o'zaro bog'lashda ishtirok etadi.

인생은 짧다. + 예술은 길다. → 인생은 짧고, 예술은 길다.
Hayot qisqa, san'at uzun.

인내는 쓰다. + 열매는 달다. → 인내는 쓰나, 열매는 달다.
Sabr achchig'u, mevasi shirin.

Ikki gap yoki murakkab gap bo'laklarini bog'laydi va turli ma'nolarni ifodalaydi. Har bir bog'lovchi qo'shimchalar o'z xususiyati va ma'nosiga ko'ra farqlanadi.
So'z va gap qaysi bog'lovchi qo'shimchalar olishiga ko'ra quyidagicha bo'lishi mumkin.

구분 (turkum)	의미 (ma'no)	어미 (qo'shimcha)
대등적 연결어미 (teng bog'lovchi)	나열 (biriktiruv)	-고, -(으)며, -과/와, -(이)랑, -하고
	상반 (zidlov)	-지만
	분리 (ayiruv)	-이나, -거나, -든(지), -ㄴ/는데, -든지 말든지, -거나, -아니면
종속 연결어미 (ergashtiruvchi bog'lovchilar)	동시, 연속 (bir vaqtlilik)	-자(마자), -(이)면서,
	이유/원인 (sabab)	-(으)니까, -어/아서, -고서, -느라고
	양보 (to'siqsizlik)	-(어)(여)도
	가정 (gumon, taxmin)	-ㄹ 테니까(ㄹ 테니), -ㄹ(을) 텐데
	계기 (holat)	-어/아서, -고 나서
	조건 (shart-sharoit)	-거든, -(으)면
	목적/의도 (maqsad)	-(으)러, -(으)려고, -(으)려면, -고자
	미침 (yutuq, erishish)	-도록
	필연/당위 (zarurlik)	-어야, -여야
	전환 (ko'chish)	-다가
	비유 (chog'ishtiruv)	-(듯)이
	더욱 (ko'proq)	-(으)ㄹ수록
	양보 (natija)	아무리 A/V -아/어도, -더니
	설명 (izoh)	-다니, -도록
보조적 연결어미 (yordamchi bog'lovchi)	보조 (yordam)	-고

34 jadval

1 **-고**

1) Bu qo'shimcha gapning ikki yoki undan ortiq bo'laklarini va qo'shma gaplarni bog'laydi.

   새가 울고, 꽃이 핍니다.
   Qushlar sayraydi, gullar gullaydi.

   하늘은 높고, 바다는 깊습니다.
   Osmon baland, dengiz chuqur.

2) Ushbu qo'shimcha bir vaqtda ikkita harakatning amaldaligi ma'nosini ifodalaydi.

   저는 기타를 쳤고, 친구는 노래를 불렀습니다.
   Men gitara chaldim, do'stim qo'shiq kuyladi.

   오늘은 비가 오고, 바람이 붑니다.
   Bugun yomg'ir yog'adi, shamol esadi.

3) Birinchi va keyingi gapdagi harakatning izchilligini va muntazamligini ifodalaydi.

   하루 일을 마치고 집에 돌아갑니다.
   Bir kunlik ishni tugatib uyga qaytaman.

   편지를 받고 답장을 씁니다.
   Xat olib javobini yozaman.

4) Birinchi gap tugaganiga qaramasdan keyingi gapdagi harakat davom etayotganligini ifodalaydi.

   형이 새 옷을 입고 외출했습니다.
   Akam yangi kiyim kiydi va jo'nab ketdi.

   배낭을 메고 산에 올라갑니다.
   Orqa xaltani osdi va toqqa ko'tarila boshladi.

2 **-아(어/여)서**

1) Oldingi va keyingi gapdagi fe'llarni bog'laydi, va keyingi gapdagi tugallangan harakatning sababini ifodalash uchun foydalaniladi. Bu qo'shimcha qo'shilib kelgan oldingi gap o'zagiga hech ham o'tgan va kelasi zamon qo'shimchasi qo'shilmaydi va keyingi gap kesimi buyruq va undov gaplarning tugallovchi qo'shimchalarini olmaydi.

표가 없어서 그 영화를 못 보았습니다.
Chipta bo'lmagani uchun bu kinoni ko'rolmadim.

아이가 넘어져서 울고 있습니다.
Bola yiqilib tushgani uchun yig'layapti.

2) Oldingi gap kesimiga qo'shilib undagi harakat keyingi gap vaqtiga nisbatan oldin bo'layotganini bildiradi. U bir-biriga o'zaro bog'liq. Oldingi gap kesimi harakat fe'lidan iborat bo'lsa, keyingi gap kesimini tugallovchi shaklida cheklanish bo'lmaydi. O'zbek tiliga ravishdosh -b(ib) yordamida tarjima qilinadi.

도서관에 가서 책을 빌려 옵니다.
Kutubxonaga borib kitob olib kelaman.

줄을 서서 기다려 주십시오.
Navbatga turib kuting.

3 **-(으)니까**

1) Oldingi gapdagi harakat va holatni sababini ko'rsatganda qo'llaniladi. –아서 sababni ifodalasa, –니까 esa so'zlovchining fikri yo shaxsiy xissiyotini ifodalaydi. Bunda keyingi gapning tugallovchi shakli asosan buyruq gap (명령문) va taklif gap (청유문) bo'lib keladi.

그 영화는 재미있으니까 꼭 보세요.
Bu kino qiziq bo'lgani uchun albatta ko'ring.

네가 잘못했으니까 먼저 사과해.
Aybdor bo'lganing uchun avval sen kechirim so'ra.

2) Birinchi gapdagi harakat ikkinchi gapdagi harakat bilan tasdiqlanganda yo ochib berilganda vaqtinchalik asos ma'nosini beradi. Birinchi gapda so'zlovchi harakat subyekti sifatida namoyon bo'ladi. Keyingi gapdagi subyektning ko'p qismi izoh ma'nosida keladi.

좀 쉬니까 몸이 좋아지더군요.
Biroz dam olganim uchun ancha tetikman.

역사를 공부해 보니까 사람을 이해하게 됩니다.
Tarixni o'rganganim uchun odamlarni tushunayapman.

4 -은(는)데

1) Agar oldingi gapdagi harakat va holat keyingi gapda aytilayotgan gap bilan bog'liq bo'lsa "-은(는)데" shakli holat va jaroyonni bildiradi va aniqlashtirish ma'nosida keladi.

날씨가 추운데 따뜻하게 입으세요.
Havo sovuq issiqroq kiyining.

아기가 자는데 조용히 하세요.
Chaqaloq uxlayapti jim bo'ling.

* Agar bu shakl otga qo'shilsa -인데 tarzida bo'ladi.

그 사람은 부자인데 왜 인색합니까?
U odam boy-ku, nimaga ziqna ekan-a?

오늘은 일요일인데 집에서 쉬세요.
Bugun yakshanba uyda dam oling.

2) Oldingi gap va keyingi gap o'rtasidagi tobe ma'no aloqasi zidlik, vaqt, sharoit kabi aniq ma'nolarni namoyon qiladi.

계속 치료를 하는데 감기가 낫지 않습니다.
Uzoq vaqt muolaja olsamda shamollaganim tuzalmayapti.

3) Ba'zan kesimning tugallovchi shakli sifatida kelib, so'zlovchining boshqa
odamning fikrini tinglash ma'nosini anglatadi.

그것은 제 것이 아닌데요.
Bu narsa menikimas.

맛이 괜찮은데.
Mazasi bo'ladi.

5 -아(어/여)도

1) Bu qo'shimcha fe'lga 좋다, 괜찮다, 되다 va shu kabi so'zlarga qarashib keladi,
belgilangan oldingi fe'ldagi harakatga ruxsat, suhbatdoshning istagi haqida
so'roqni ifodalaydi.

지금 시작해도 좋습니까?
Hozir boshlasam ham bo'laveradi?

방이 작아도 됩니다.
Xona kichkina bo'lsa ham farqi yo'q.

2) Oldingi gapdagi faktni e'toroz etsa-da, keyingi gapga qandaydir aloqasi
borligini ifodalaydi. 아무리 ravishi bilan qo'llanganda aniqroq ma'noni
ifodalaydi.

부모님이 반대하여도 그녀와 결혼하겠습니다.
Ota-onam qarshi bo'lsa-da, u qizga uylanaman.

아무리 먹어도 배가 고파요.
Qanchalik yesam ham qornim to'ymayapti.

3) Agar -아(어/여)도 gapda kesimni tugallovchi so'roq shakllar bilan qo'shilib
kelsa butun gap so'roq shaklida bo'ladi va unga inkor javob bo'lganda
albatta -면 qo'llaniladi.

담배를 피워도 괜찮습니까?
Sigaret cheksam bo'ladimi?

아니오, 담배를 피우면 안 됩니다.
Yo'q, sigaret chikish mumkin emas.

6 -(으)려고

Fe'l bilan qo'llanilib istak va maqsadni ifodalaydi, sifatga qo'shilmaydi.

O'zbek tiliga 'maqsadida', 'uchun' deb tarjima qilinadi.

공부를 더 하려고 대학원에 다닙니다.
O'qishni yana davom ettirish maqsadida magistraturada o'qiyapman.

한국에 가려고 이 책을 썼습니다.
Koreyaga borish uchun bu kitobni yozdim.

7 -(으)러

Harakat fe'liga qo'shilib maqsadni ifodalaydi.

책을 빌리러 도서관에 갑니다.
Kitob olish uchun kutubxonaga bordim.

낚시하러 강가에 갔습니다.
Baliq tutish uchun daryoga bordim.

8 -(으)면

Tugallangan harakat yoki keyingi gap holati uchun dastlabki sharoitni ifodalaydi. Taxmin, faraz ma'nosini anglatadi.

봄이 되면 제비가 날아옵니다.
Bahor boshlansa, qaldirg'ochlar ucha boshlaydi.

Bu qo'shimcha ko'pincha fe'lga bog'lanadi, biroq 이다 va 아니다 fe'li bilan -(이)라면 shakli qo'llanadi.

그분을 만나려면 오전에 가십시오.

U kishini uchratmoqchi bo'lsangiz ertalab keling.

시간이 있으면 꼭 와 주세요.

Vaqtingiz bo'lsa albatta keling.

9 **-아(어/여)야**

1) Oldingi gapdagi fe'l harakati albatta bo'lishi sharti bilan keyingi fe'l harakati ro'y beradi. Ko'pincha fe'l bilan birga keladi. Ammo ba'zan 이다 va 아니다 fe'li bilan -(이)라야 shakli bilan qo'llanadi.

겨울에 추워야 다음 농사가 잘 됩니다.

Qish sovuq bo'libgina keyingi hosil yaxshi bo'ladi.

먹어야 삽니다.

Yebgina yashayman.

좋은 대통령이어야 이 위기를 극복할 수 있습니다.

Yaxshi prezidentgina bu inqiroz qutiltirib keta oladi.

2) Agar gapning 2-qismi inkor ma'noni bersa, gapning birinchi qismidagi harakat yuzaga kela olmaydi.

너무 늦어서 치료해 봐야 소용없습니다.

Judayam kechikkanimiz uchun davo qilib ko'rsak ham foydasi yo'q.

노력해 봐야 이미 늦은 걸요.

Harakat qilib ko'rsak ham allaqachon kechikdik.

1) Ish-harakatning darajasini yoki chegarasini ifodalab, faqat faol fe'llar bilan qo'llanadi.

   늙도록 일만 했어요.
   Qariguncha faqat ishladi.

2) Ma'lum maqsadni qanaqadir yo'nalishda ongli boshqarishni ifodalaydi.

   부모님께서 이해하시도록 말 좀 잘 해주세요.
   Ota-onangiz tushunadigan darajada sekin so'zlab ko'ring.

   들키지 않도록 꼭 숨어 있어요.
   Ushlab olmaguncha yashirinib o'tiraman.

11 -(으)면서

Bu qo'shimcha ikki harakat yoki holatni bir vaqtda bo'lishini bildiradi.
Birinchi va keyingi gapning subyekti bitta bo'ladi.

그녀가 저를 부둥켜안으면서 눈물을 흘렸습니다.
U meni quchoqlagancha ko'z yoshi to'kardi.

저는 축구를 보면서 점심을 먹었습니다.
Men futbol tomosha qilib tushlik qildim.

12 -(으)며

Bir vaqtda bo'ladigan ikki yoki undan ortiq harakat va yoki makonga oid holatni ifodalash uchun qo'llanadi.

배우며 가르치는 것은 쉽지 않습니다.
O'qib turib o'qitish oson emas.

이 가방은 값도 싸며 질도 좋습니다.
Bu sumkani narxi ham arzon sifati ham yaxshi.

13 **-지만**

Oldingi gapdagi harakatga zidlik, qarshilik ma'nosini ifodalashga xizmat qiladi.

눈이 오지만, 그렇게 춥지는 않다.
Qor yog'ayapti, ammo unchalik sovuq emas.

그 사람을 좋아하지만 사랑하지는 않습니다.
U odamni yoqtirsam ham yaxshi ko'rmayman.

14 **-다가**

1) Ro'y berayotgan birinchi harakat yoki holat jarayonida boshqa bir yangi harakat yoki ishni paydo bo'lishini ifodalaydi. Ba'zan "-다" shaklida qo'llanadi.

길을 가다가 문득 그 일이 생각났습니다.
Yo'lda ketayotib birdan u ish esimga tushib qoldi.

집에 가다가 친구를 만났습니다.
Uyga ketayotib do'stimni uchratdim.

2) Agar bu qo'shimcha oldidan fe'l zamonlari -았(었/였) qo'shimchalarini olsa, birinchi harakat ikkinchisidan oldin tugallanishini anglatadi.

이 신발을 샀다가 크기가 안 맞으면 바꿀 수 있습니까?
Bu oyoq kiyimni sotib olgach loyiq kelmasa, mos kelmasa almashtirib berasizmi?

15 **-(으)ㄹ수록**

1) Harakat yoki holatni tezlik bilan amalga oshishini ifodalaydi. Sayin, sari deb tarjima qilinadi.

그 친구는 만날수록 더 믿음이 갑니다.
U do'stim bilan uchrashgan sari unga ishonchim ortyapti.

상황이 어려워질수록 침착하셔야 합니다.
Ahvol og'irlashgan sayin sovuqqon bo'lish kerak.

2) Fe'l -(으)면 Fe'l + ㄹ수록

-(으)면 shakli oldingi fe'lga qo'shilsa, ㄹ수록 shaklini olgan keyingi fe'l harakatning jadalligini yanada kuchliroq ifodalaydi. O'zbek tiliga qanchalik, shunchalik deb tarjima qilinadi.

배우면 배울수록 겸손해집니다.
Ilm olgan sari, kamtarin bo'lib boradi.

그 사람은 사귀면 사귈수록 더 마음에 듭니다.
U inson bilan yaqindan tanishganim sari yana ham yoqib qolyapti.

16 -자

Bu qo'shimcha voqea-hodisani tezda almashtirishni ya'ni birinchi harakat keyin darhol ikkinchi harakatni bo'lishini anglatadi. Ko'pincha -자마자 shaklida yoziladi.

만나자마자 이별하는구나!
Uchrashar-uchrashmas ajralishayapti!

17 -거든

1) Bosh gapda so'zlovchining holatini asosiy faktdagi taxminni ifodalaydi. Ergash gapda esa kesimning tugallovchi qo'shimchasi buyruq-istak maylida bo'ladi.

부탁이 있거든 말해보세요.
Agar iltimosingiz bo'lsa, so'rayvering.

선생님을 만나거든 그렇게 말하자.
Uztozni ko'rganimizda shunday deylik.

2) Ba'zan tugallovchi qo'shimcha sifatida qo'llanilib, so'zlovchi kutmagan ravishda paydo bo'lgan sababni ifodalaydi va uni yanada kuchliroq ta'kidlaydi.

더 이상은 못 먹겠어요. 배부르거든요.
Bundan ortig'ini yeyaolmayman, to'yib ketdim.

떠들지 마세요. 아기가 잠을 자고 있거든요.
Shovqin solmang chaqaloq uxlayapti-ku, axir.

Mustaqil so'zlar: Undov

| 독립언: 감탄사 |

14 Undov (감탄사)

B O B

1 Undovlarning xususiyati (감탄사의 개념)

Undovlarning his-hayajon, hitobni bildirishga xizmat qiladi. Undovlar mustaqil so'z turkumlari kabi mustaqil ma'noga ega emas, ular tuyg'u va his-hayajonni bevosita ifodalaydi. Undov gap bo'lagi vazifasida qo'llanmaydi va boshqa bo'laklar bilan grammatik jihatdan bog'lanmaydi. Undov ma'lum bir ohang bilan talaffuz etilmasa, u his-hayajonni ifodalay olmaydi. Ohangni turlicha bo'lishiga qarab undov quyidagi turlarga bo'linadi.

갈래 (turlilik)	의미 (ma'no)	감탄사 (undov)
감정 (tuyg'u)	sevinch, qahr, qayg'u, qarshi bo'lish	허허, 에, 아이고, 히, 아이코, 어, 아뿔싸, 아차
의지 (maqsadni ifodalash)	rad etish, chaqirish, rozilik, inkor etish	아서라, 자, 여보, 예, 오냐, 암, 아무렴, 응, 그래
입버릇 (so'zlashdagi odat)	ma'nosiz so'zlar gap boshida keladi	머, 뭐, 그래, 어에, 거시기, 에, 저, 음, 그게 말이지

35 jadval

181

1 Undov orqali tuyg'ular ifodalanishi mumkin.

기쁨 (xursandchilik)	허, 허허, 하, 하하
성냄 (ranjish, g'azablanish)	에, 엣, 에게, 야, (참)에 (malomat, gina)
슬픔 (xafalik, g'amginlik)	아이고, 어이, 아
한숨 (xursinish)	허, 허허, 후, 후유
놀라움 (hayrat, zavq)	아, 에고, 에구머니, 이크, 아따, 저런, 오, 야, 아야, 응, 어머나
뉘우침 (achinish, afsuslanish)	어, 엉, 아뿔싸, 아차
무서움 (qo'rquv)	아이구, 아
삐침 (nafratlanish)	퉤, 체, 제기랄, 흥
박수갈채 (olqish)	만세

2 Buyruq-xitob va tasdiq-inkor

감정감탄사 so'zlovchining fikrini emas, tuyg'ularinigina ifodalasa, 의지감탄사 esa suhbatdoshga o'z fikrini ongli ravishda ekanligini ifodalaydi.

가. 여보, 여보세요, 애, 이봐 (chaqirishda), 아서라 (to'xtatishda), 자 (xo'sh)

나. 예, 암, 아무렴, 오냐, 응, 그래, 옳소, 글쎄, 아니오, 천만에

　　(suhbatdoshning fikrini tasdiqlash yoki inkor etish uchun qo'llaniladi)

Yuqorida ko'rsatilgan misolda 가. suhbatdoshdan qanday harakat qilish haqida so'raydi. 여보, 애 murojaat qilganda, 아서라 to'xtatish ma'nosini anglatadi.

아서라, 남을 욕하지 마라.
Hoy-hoy, begonani chaqirma.

나. dagi tasdiq va inkor undovlari suhbatdoshning jamiyatda tutgan mavqei va yoshiga qarab farqlanadi. Tasdiq undovlar suhbatdoshning mavqeini ulug'laganda yoki hurmat qilganda '네(녜), 예, 그래요, 옳소' undovlari ishlatiladi. So'zlovchining mavqei past bo'lganda yoki yoshi kichik bo'lsa, unga javob berganda 아무렴, 암, 그래, 응, 오냐 undovlari ishlatiladi. Inkor vaqtida suhbatdoshning nufuzi yuqori bo'lsa yoki yoshi katta bo'lsa, unga javob berayotgan kishi: 아니올시다, 아니오, 아니에요, 천만에요 deydi, aksincha yosh bo'lsa '아니, 아니다, 천만에' kabi undov shakllaridan foydalaniladi. Ikkala holat uchun umumiy bo'lgan undovlar mavjud emas.

Agar gumon bilan javob qaytarilganda mavqeiga qarab 글쎄올시다, 글쎄요 va 글쎄 undovlari qo'llaniladi.

글쎄, 그가 요즘 무슨 일을 하는지 잘 모르겠는데.
Hmm, uning hozir nima ish bilan bandligini, to'g'risi, bilmayman.

아차, 내가 네 생일을 잊을 뻔했다.
Voy, seni tug'ilgan kuningni unutayozibman.

아이고, 얼마나 무서워요.
Voy, bunchalar qo'rqinchli.

글쎄, 좀 기다려 봅시다.
Hmm, biroz kutib turaman.

어머나, 이렇게 아름다울 수가!
Oh, bunchalar go'zal!

자, 우리 건배합시다.
Qani, o'zimiz uchun qadah ko'taramiz.

아니오, 저는 그런 말을 한 적이 없습니다.
Yo'q, men bunaqa gap gapirmaganman.

So'zlashishdagi odatlar

Bular oldingi ikki turdagi undovlardan hech qanday grammatik ma'nosi yo'qligi bilan ajralib turadi. Bularga:

가. 머, 뭐(무어), 그게 말이지, 말이어, 말이요, 말입니다
나. 어, 에, 저, 거시기, 음, 에헴, 애햄 kiradi

가. ga kiruvchi so'zlar hech qanday hissiz, o'ylovsiz, oddiy so'zlashdagi odatlar (입버릇), 나. esa so'zlovchi o'ylagan gapini tez gapirolmay duduqlagan paytida hesh qanday ma'noga ega bo'lmagan undov so'zlar qo'llaniladi.

그게 말이지, 여간 힘든 일이 아니라서 네가 할 수 있을지 모르겠다.
Hmm, unchalik oson ish bo'lmagani uchun sen qila olishingni bilmayman.

3 Undovlarning yasalishi (감탄사의 활용)

Ba'zan boshqa so'z turkumlari ham undov vazifasida kelishi mumkin.

정말, 이제는 봄이구나!
Rostdan endi bahor-a! (undov)

그것이 정말입니까?
Bu rostmi? (ot)

저런, 왜 그런 쓸데없는 말을 했니?
Hoy, nimaga foydasiz gaplarni aytasan? (undov)

저런 일도 있구나!
Shunday ishlar ham bo'ladi! (sifat)

15 Hurmat (baholash) kategoriyasi (높임과 낮춤)

1 Hurmat kategoriyasining xususiyatlari (높임법의 개념)

Koreys tilida har doim so'zlovchi va tinglovchi o'rtasida baholash (o'zaro hurmat va izzat) shakllarini ifodalaydigan so'zlar ishlatiladi. So'zlovchining yoshi katta, tinglovchiniki kichik bo'lsa, unga izzat bilan (낮춤말로) gapiriladi. Ya'ni uni o'z mavqeidan pastroq ma'noni ifodalovchi so'z tanlanadi. Biroq so'zlovchining mavqei va yoshi har qancha ulug' bo'lsa-da, har jihatdan kichchik (mavqei, yosh) bo'lgan ko'pchilikka murojaat qilganda hurmat shakli (높임말로) dan foydalanish lozim. Buning uchun –(으)시 shakli fe'l o'zagiga qo'shib qo'llaniladi. Ammo shunday fe'l va so'zlar borki ularga –(으)시 shaklini qo'shib ham qo'shmasdan ham hurmat ma'nosini ifodalash mumkin.

Hurmat shaklini ifodalovchi 주체높임 (subyektning hurmat shakli) qo'shimchasi –(으)시 nafaqat fe'lga, kesim vazifasida kelgan sifat va ravishga ham qo'shilishi mumkin:

저분이 박 선생님이십니다.
U kishi Pak o'qituvchi bo'ladilar.

아버지께서 신문을 읽고 계십니다.
Dadamlar gazeta o'qib o'tiribdilar.

1) Tinglovchining mavqei ulug' bo'lganda, harakat subyekti so'zlovchidan nufuzli bo'lsa ham so'zlovchi unga –시– qo'shimchasini qo'shmaydi.

할아버지, 아버지가 아직 안 왔습니다. (○)
Bobo, dadam hamon kelmadi.

할아버지, 아버지께서 아직 안 오셨습니다. (x)
Bobo, dadamlar hamon kelmadilar.

2) Agar subyekt oliy va yuqori martabali kishilar (vazir, prezident kabilar) haqida yangilik yetkazishda, axborotlarni va rasmiy ma'lumotlarni ma'lum qilishda -시- qo'llanmaydi.

우즈베키스탄 대통령은 한국을 방문할 예정이다.
O'zbekiston prezidenti Koreyaga tashrif buyurishi kutilmoqda.

세종대왕은 1443년에 한글을 창제하셨다.
Buyuk Qirol Sejong 1443-yilda koreys alifbosini tayyorlagan.

3) Agar subyekt jamoa bo'lganda -시- qo'llanilmaydi.

4) Ikki kishi orasida suhbat III-shaxs haqida ketayotgan bo'lsa, tinglovchi so'zlovchidan kichik bo'lsa-da, III-shaxs yoshiga qarab qo'llaniladi.

딜도라, 당신의 아버지께서는 무슨 일을 하십니까?
Dildora, sizning otangiz nima ish qiladilar?

5) Suhbat hurmatli subyektga taalluqli jihatlar yoki uning biror a'zosi haqida ketganida ham -시- shakli ishlatiladi.

김 선생님은 연세가 많으십니다.
Janob Kim yoshlari ulug'lardan.

새로 오신 선생님은 키가 작으십니다.
Yangi kelgan domlaning bo'ylari past ekan.

6) Ba'zi so'zlarning alohida hurmat shakllari mavjud:

자다 → 주무시다   uxlamoq

죽다 → 돌아가시다   o'lmoq-vafot etmoq

있다 → 계시다   bor bo'lmoq

먹다 → 드시다/잡수시다   yemoq

지금 할아버지께서는 주무시고 계십니다.

Bobom hozir uxlab yotibdilar.

점심 드셨어요?

Tushlikda ovqatlandingizmi?

2 Qiyosiy hurmat kategoriyasi (suhbatdoshni hurmat qilish) (높임법의 활용)

So'zlovchining tinglovchini o'zidan past va baland tutishi hurmat kategoriyasi deyıladı.

So'zlovchi suhbatdoshning yoshi, mavqei va o'zaro munosabatlariga ko'ra muloqot qilganda har gap (kesim)ning oxirida tugallovchi hurmat shakli qo'shimchasi qo'yilishi kerak.

Gapning tugallovchi qo'shimchalari hamda hurmat kategoriyalari.

담화계층 (til uslubi) 종결어미 (tugallovchilar)		평서문 (darak gap)	의문문 (so'roq gap)	명령문 (buyruq gap)	청유문 (taklif gap)	감탄문 (his-hayajon gap)
격식체 (rasmiy hurmat uslubi)	높임말 (hurmat shakli)	–습니다/ –ㅂ니다, 합니다	–습니까/ –ㅂ니까, 합니까	–(으)십시오, –보시오	–ㅂ시다, 합시다	
	예사말 (betaraf)	–네	–나, –는가	–게	–세	–구나
	낮춤말 (oddiy shakl)	–는다, –다	–니, (하)느, 하니, –지	–아라/ –어라	–자	–구먼
비격식체 (norasmiy)	높임말 (hurmat shakli)	–아(어, 여)요				
	낮춤말 (oddiy shakl)	–아(어, 여)				

(36 jadval)

* 낮춤말 so'zini takallufsiz shakl deyish ham mumkin.

Hurmatning rasmiy uslubi (격식체)

Hurmatning rasmiy uslubi marosimlardagi nutq va ma'ruza rasmiy davralarda ish yuzasidan uchrashganda ishlatiladi. -ㅂ니다/습니다 shakllari kesimga qo'shiladi. Hurmatning yuqori darajadagi shakli rasmiy suhbatlar uchun mo'ljallangan bo'lib, tinglovchiga nisbatan hurmatni anglatadi. Agar ikki suhbatdosh birinchi bor uchrashayotgan bo'lsa, tinglovchining lavozimi qandayligidan qat'iy nazar hurmatning yuqori shakli qo'llaniladi. Hurmatning o'rta shaklida so'zlovchining mavqei va yoshi jihatdan katta bo'lgan tinglovchiga ehtiromi ifodalanadi. Hurmatning o'rta shaklini o'zaro ikki mavqei va yoshi ulug' kishilarga nisbatan ham qo'llanishi mumkin. So'zlovchining lavozimi yuqori yoki yaqin kishisi bo'lsa, unga quyi hurmat shaklini ishlatish mumkin. Shuningdek quyi (takallufsiz) shakl gazeta va jurnallarga maqolalar yozishda ishlatiladi. Bunda o'quvchilarga nisbatan hurmatsizlik emas, balki ularga xolis munosabatni ifodalaydi.

철수가 내일 학교에 갑니다.
Cholsu ertaga maktabga boradi.

선생님은 밥을 먹습니다.
O'qituvchimiz taomlanyaptilar.

잘 다녀오십시오.
Yaxshi borib keling.

안녕히 가십시오.
Xayr, yaxshi boring.

Hurmatning norasmiy uslubi (비격식체)

Bu shakl o'zaro yaqin kishilar o'rtasida qo'llanilib, so'zlovchining tinglovchiga nisbatan do'stona munosabatini bildiradi. Bu uslubning ikki ko'rinishi mavjud bo'lib, ehtirom shaklidagi kesim -아(어/여)요, qo'shimchasi, oddiy shaklda fe'l o'zagiga qo'shilmaydi.

[Diqqat!] Ba'zan tinglovchini o'zidan yuqori qo'yib, haddan ortiq hurmat ko'rsatib gapirganda '-(으)옵-', '-삽/시입/사오-', '-잡/자옵/자오-' qo'shimchalari qo'llaniladi.

오늘 수업 후에 도서관에 갑니다.

Bugun darsdan keyin kutubxonaga boraman.

어디에서 왔습니까?

Qayerdan kelayapsan?

어디 가니?

Qayerga ketyapsan?

집에 가.

Uyga ketypman.

3 Hurmatning leksik ifodasi

Koreys tilida yuqori va quyi hurmatni bildiruvchi maxsus so'zlar ishlatiladi.
Bu 존칭어 va 경어 deb nomlanadi. Hamma so'zlar ham o'zining to'g'ri
qo'llanishiga ega emas. Faqat bu so'zlarni to'g'ri qo'llabgina gap tuzish
mumkin. Quyidagi jadvalda bunday so'zlarni to'g'ri qo'llash ko'rsatilgan.
존칭어 va 경어 so'z o'zgartiruvchi, yasovchi, qo'shimchalar bilan birga
qo'llanadi.

품사 (so'z turkumi)	예사말 (umumiy so'zlar)	존칭어 (hurmat so'z)	경어 (kamtar hurmat)
명사 (ot)	말 나이 밥 병 집	말씀 연세 진지 병환 댁	말씀
대명사 (olmosh)	그 사람 나 우리	그분	저 저희
동사 (fe'l)	주다 묻다 보다 자다 먹다 있다	드리다 여쭙다 뵙다 주무시다 잡수시다 계시다	
조사 (qo'shimcha)	–이/가	–께서, –께	

37 jadval

189

16 Orttirma va majhul nisbatlar (사동과 피동)

BOB

1 Orttirma va majhul nisbat tushunchasi (사동과 피동의 개념)

Koreys tilida fe'l nisbatlari to'rtta: o'zlik nisbat, orttirma nisbat, bosh nisbat, majhul nisbat

- 능동 (자기 힘 = o'zlik)
- 주동 (bosh nisbat)
- 피동 (majhul)
- 사동 (orttirma)

Yuqorida ko'rsatilgan nisbatlarda o'xshashlik mavjud, 능동사 va 주동사 bir-biriga juda o'xshab ketadi, ularni deyarli ajratib bo'lmaydi. 능동사 o'zbek tilidagi o'zlik nisbatiga o'xshab ketadi, ya'ni ish-harakat subyekt tomonidan bajarilib, yana subyektning o'ziga qaytadi.

이 글씨는 아무리 지우려고 해도 지워지지 않는다.
Bu yozuvni qanchalik o'chirmoqchi bo'lsam ham o'chirilmayapti.

Bu gapda 지우다 (o'chirmoq) fe'li 능동사 hisoblanadi.
주동사 nisbati o'zbek tilidagi bosh nisbatga o'xshaydi, ya'ni fe'l anglatgan harakatni bajaruvchi shaxs subyektga teng bo'ladi.

내가 아기를 보는 동안 아기가 웬일인지 자꾸 울었다.
Men chaqaloqqa qarab turganimda bolakay negadir tez-tez yig'ladi.

※ Bu ikki nisbat (주동사와 능동사) da hech qanday qo'shimcha qo'shilmaydi. Orttirma va majhul nisbat qo'shimchalari fe'lga yakka (단형) va birikma tarzida (장형) qo'shiladi.

190

사동사 o'zbek tilidagi orttirma nisbat bo'lib, so'zma-so'z ma'nosi 시키다 = buyurmoq ma'nosiga to'g'ri keladi. Bu nisbat (사동사) qo'shimchalari majhul nisbat (피동사) qo'shimchalari bilan bir xil: -이, -히, -리, -기.

→ Ikki holatda ham qaysi fe'lga qaysi nisbat qo'shimchasini olishini aniq qoida bilan belgilanmagan. Buning uchun nisbat qo'shimchasini olgan fe'llarni yodlab olishingiz tavsiya etiladi.

1) 사동사 nisbati odatda -우, -구, -추 qo'shimchalaridan yasaladi. Bunda o'timsiz (tushum kelishigini ololmayigan) fe'llar o'timli fe'lga aylanadi. 자동사 + 사동사(타동사)

죽다 → 죽이다	o'lmoq → o'ldirmoq
줄다 → 줄이다	kamaymoq → kamaytirmoq
녹다 → 녹이다	erimoq → eritmoq
익다 → 익히다	pishmoq → pishirilmoq
앉다 → 앉히다	o'tirmoq → o'tqazmoq

2) O'timli fe'ldan yana o'timli fe'l hosil qilinadi. 타동사 → 사동사(타동사)

먹다 → 먹이다	yemoq → yedirmoq
보다 → 보이다	ko'rmoq → ko'rdirmoq
잡다 → 잡히다	ushlamoq → ushlattirmoq

3) Sifatdan o'timli fe'l yasaladi.

높다 → 높이다	baland → balandlatmoq
좁다 → 좁히다	tor → toraytirmoq
넓다 → 넓히다	keng → kengaytirmoq

Quyida koʻp uchraydigan feʻllarning orttirma nisbat shakllari:

유형 (tur)	접미사 (nisbat qoʻshimchalari)	예 (misollar)
단형사동 (orttirma nisbatning oddiy shakllari)	–이–	죽이다, 먹이다, 속이다, 높이다, 보이다, 줄이다, 붙이다, 녹이다
	–히–	익히다, 앉히다, 좁히다, 넓히다, 밝히다, 읽히다, 잡히다, 입히다, 업히다
	–리–	날리다, 돌리다, 울리다, 살리다, 얼리다, 놀리다, 알리다, 물리다, 들리다
	–기–	웃기다, 남기다, 숨기다, 감기다, 벗기다, 맡기다, 안기다, 뜯기다
	–우–	지우다, 깨우다, 재우다, 채우다, 비우다, 세우다, 새우다
	–구–	떨구다, 돋구다, 솟구다
	–추–	낮추다, 늦추다, 맞추다
장형사동 (orttirma nisbatning birikma shakli)	–게 하다	먹게 하다, 가게 하다, 오게 하다, 푸르게 하다, 밝게 하다, 보게 하다, 슬프게 하다

(38 jadval)

아이를 왜 울렸어요?
Bolani nega yigʻlatayapsan?

이제 좀 자게 해 주세요.
Endi biroz uxlashga ruhsat bering.

어제 어떤 살인자가 사장을 죽였습니다.
Kecha nomaʻlum yollanma qotil hokimini oʻldirib ketibdi.

4) Bosh nisbatda ega boʻlib kelgan ot orttirma nisbatli feʻl oldidan vositasiz toʻldiruvchi boʻlib keladi.

철수가 그 일을 맡겠지.
Cholsu bu ishni oldi.

선생님께서 철수에게 그 일을 맡기시겠지.
Ustoz Cholsuga bu ishni yukladi.

5) Inkor qo'shimchalar bilan kelgan orttirma nisbat shaklli fe'llar qanday nisbat (oddiy - 단형사동, birikmali - 장형사동) olishiga ko'ra ish harakatning bajaruvchisi yoki harakat yo'naltirilgan shaxsni o'sha fe'ldan anglashilgan harakatni qilmaslik yoki unga qodir emasligini ko'rsatadi:

나는 철수에게 그 책을 못 읽혔다.
Men bu kitobni Cholsuga o'qitolmadim. (U xohlamagani uchun.)

나는 철수에게 그 책을 못 읽게 했다.
Cholsuga bu kitobni men oqita olmadim. (O'zim qodir bo'lmaganim uchun.)

→ Orttirma nisbatning birikma shakli kesim yordamchi fe'l bilan kelganda unga erkin qo'shila oladi.

나는 철수에게 책을 읽혀 보았다.
Men Cholsuga kitobni o'qitib ko'rdim.

나는 철수에게 책을 읽어 보게 하였다.

나는 철수에게 책을 읽게 해 보았다.

→ Hurmat shakli qo'shimchasi (주체높임) -(으)시 qo'llaniladigan o'rinlar turlicha bo'ladi. Shunga qarab ma'nolari ham o'zgaradi.

가. 선생님께서 철수에게 책을 읽히시었다.
나. 선생님께서 철수에게 책을 읽게 하시었다.
다. 선생님께서 철수에게 책을 읽으시게 하였다.
라. 박 선생님께서 우리 선생님께 책을 읽으시게 하시었다.

Orttirma nisbat qo'shimchasini olgan 가. dagi fe'lda faqat egani hurmatlagan bo'lsa birikma tarzidagi nisbatni olgan 나, 다, 라. dagi misollar ega bilan birga buyruq olgan shaxsga nisbatan ham hurmat ma'nosini ifodalaydi.

Orttirma nisbat qo'shimchasi bir fe'lga ikki marta qo'shimcha va birikma tarzida qo'shilishi mumkin.

내가 철수에게 토끼한테 풀을 먹이게 하였다.
Men Cholsuga quyonga maysa yedirishni buyurdim.

Ushbu gapdagi '먹이다' fe'lining o'zi orttirma nisbat shaklli fe'l hisoblanadi.

아이를 집에 혼자 남겨두면 안 됩니다.
Bolani uyda yolg'iz qoldirish mumkin emas.

선생님, 집에 가게 해 주십시오.
O'qituvchi uyga ketishga ruhsat bering.

의사가 동생에게 약을 먹였습니다.
Shifokor ukamga dori ichirdi.

아버지가 아이를 씻게 하였습니다.
Ota bolasini yuvuntirib qo'ydi.

Majhul nisbat shaklida harakatning subyektiga emas, balki harakatning o'ziga va uning obyektiga ko'p e'tibor beriladi. Harakat obyekti (faol birikmadagi vositasiz to'ldiruvchi) bosh kelishik shaklida kelib, gapda ega vazifasini bajaradi. Majhul nisbat qo'shimchalari asosan –이–, –히–, –리–, –기–lar va birikma tarzidagi –아/어/여지다 shakllaridir.

Majhul nisbat shakllari:

유형 (tur)	접미사 (nisbatlar)	예 (fe'l misollari)
단형피동 (majhul nisbatlarning oddiy shakllari)	–이–	놓이다, 바뀌다, 보이다, 쓰이다, 꺾이다, 섞이다, 쌓이다, 파이다
	–히–	닫히다, 읽히다, 막히다, 잡히다, 먹히다, 업히다, 뽑히다, 얹히다, 묻히다
	–리–	걸리다, 들리다, 열리다, 팔리다, 물리다, 풀리다, 놀리다, 밀리다, 눌리다
	–기–	끊기다, 감기다, 안기다, 빼앗기다, 쫓기다, 씻기다, 찢기다
장형피동 (birikma shakli)	–아/어/여지다	써지다, 깨어지다, 풀어지다, 이루어지다, 넘어지다, 떨어지다, 어두워지다, 예뻐지다, 슬퍼지다, 쓰러지다, 커지다

(39 jadval)

※ Birikma shaklidagi –아/어/여지다 nisbatidagi '지다' so'zi yordamchi fe'l hisoblanadi va deyarli barcha o'timli-o'timsiz fe'l hamda ba'zi sifatlarga qo'shilib keladi. 피동사 va 사동사 ning o'zaro o'xshash jihatlari ko'p. '보이다, 잡히다, 업히다, 끌리다, 뜯기다' kabi fe'llar bir vaqtda majhul va orttirma nisbatli fe'llar bo'lishi mumkin. Majhul nisbat qo'shimchasi qo'shilgan barcha fe'l o'timli bo'lavermaydi. Majhul nisbatlar yasalmaydigan holatlar ham ko'p. '주다, 받다, 얻다, 잃다, 참다, 돕다, 알다, 배우다, 바라다, 느끼다, 닮다, 만나다' va boshqa ko'p fe'llarga mos majhul nisbat yo'q. '하다' bilan tugaydigan fe'llar (좋아하다, 슬퍼하다, 사랑하다, 공부하다) ning barchasi majhul nisbat qo'shimchasini olmaydi.

→ Quyidagi misollarga e'tibor qarating:

가. 순경이 도둑을 잡았다.

나. 도둑이 순경에게 잡혔다.

다. 도둑이 순경에게 발목을 잡혔다.

1-misolning 나. si majhul nisbatdagi '잡히다' o'timsiz fe'l, deb yozilsa ham 다. dagi vositali to'ldiruvchi (목적어) '발목을' so'zining borligi uni o'timli fe'l sirasiga kirish imkonini beradi.

→ Majhul nisbatda (피동사) ega hol bo'lib kelib ‑에게, ‑에, ‑한테 kabi kelishik qo'shimchalarini oladi, ba'zan shu kelishik o'rniga ‑에 의해(서) shakli ham ishlatilishi mumkin.

가. 철수가 바위에 구멍을 뚫었다.
  Cholsu xarsangda teshik ochdi.

나. 바위에 구멍이 철수에게(철수한테) 뚫리었다.

다. 바위에 구멍이 철수에 의해 뚫리었다.

창밖으로 산천 경치가 보입니다.
Deraza tashqarisida tog' manzarasi ko'rinmoqda.

누가 대통령으로 뽑혔습니까?
Kim prizedent bo'lib saylandi?

이 층 창문은 항상 열려 있습니다.
Ikkinchi qavat derazasi har doim ochilib turadi.

쥐가 고양이에게 잡혔어요.
Sichqon mushuk tomonidan ushlandi.

Majhul va orttirma nisbatning farqiga borish juda muhim. Majhul nisbatli fe'l deyarli doim o'timsiz bo'lib, vositali to'ldiruvchilar bilan keladi. Uning obyekti –을/를 kelishiklarini olmaydi.

Orttirma nisbatli fe'llar doimo vositasiz to'ldiruvchi –을/를 kelishigini olgan ot va olmosh bilan keladi.

문이 저절로 열렸습니다.
Eshik o'z-o'zidan ochiladi.

문제기 잘 풀린다.
Muammo yaxshi yechildi.

친구가 나를 웃겼어요.
Do'stim meni kuldirdi.

아이에게 옷을 입힌다.
Bolaga kiyimni kiydirdi.

III

Sintaksis
| 통사론 |

Sintaksis gapni o'rganadigan bo'lim bo'lib, unda gap va uning turlari, gapning tuzilishi, tartibi, so'z birikmalari kabilar o'rganiladi. Sintaksis grekcha so'z bilan tuzish degan ma'noni anglatadi.

17

B O B

Gap va uning turlari
(문장과 문장의 종류)

Gap haqida qisqacha ma'lumot (단문)

Muomala vositasining eng kichik birligi gap hisoblanadi. Gap orqali nisbiy tugallangan fikr, tuyg'u bildiriladi. Gap tugallangan ohang bilan talaffuz etiladi, bosh bo'laklardan tashkil topgan bo'ladi.

1   Gapning maqsadga ko'ra turlari (문장의 종결)

Gapning maqsadga ko'ra 5 turga bo'linadi:

1. Darak gap (평서문)
2. So'roq gap (의문문)
3. Buyruq gap (명령문)
4. Taklif gap (청유문)
5. His-hayajon gap (감탄문)

Gaplar ohangiga, his-tuyg'uni ifodalashiga ko'ra his-hayajonli gap, his-hayajonsiz gap deb yuritiladi.

1   Darak gap (평서문)

1) Darak gap orqali biror narsa ma'lum qilinadi. Darak gapning rasmiy uslubida 3 xil shakl bo'lib, kesimga qo'shilib, bu so'zlovchining tinglovchiga qay munosabatda murojaat qilayotganini anglatadi.

① Rasmiy ehtirom shakli (높임말) '-ㅂ니다/습니다'

나는 그 일을 합니다.
Men bu ishni bajaryapman.

친구는 학교에 갑니다.
Do'stim maktabga ketyapti.

② Rasmiy o'rta uslub neytral bo'ladi (예사말) '-네'

나는 이 일을 하네.
Men ishni qilyapman.

③ Oddiy hurmat shakli '-오'

그녀는 학교에 가오.
U qiz maktabga ketyapti.

④ Rasmiy uslub oddiy shakl (낮춤말) '-는다/다'

그녀를 좋아한다.
Uni yaxshi ketyapti.

⑤ Norasmiy oddiy shakl (비격식체/낮춤말) '-아/어'

나는 일을 해.
Men ishlayapman.

⑥ Norasmiy hurmat shakli (비격식체/높임말) '-아/어요'

나는 회사에서 일해요.
Men firmada ishlayman.

2) **Darak gapning asosiy xususiyatlari.**

① Darak gap -니라. So'zlovchi o'zidan kichik kishini nimagadir ishontirmoqchi bo'lganida qo'llaniladi.

그렇게 하면 못쓰느니라.
Unday qilsang yaxshi bo'lmaydi.

② Darak gap tasdig'i -렷다. So'zlovchi biror fikrni tasdiqlash uchun o'zi o'ziga gapirganda ishlatiladi.

오후에는 비가 오렷다.
Menimcha, tushdan keyin yomg'ir yog'sa kerak.

③ Darak gap murojaati -마 shakli oddiy uslubga kirib, so'zlovchi o'zining maqsadini va va'dasini to'liq amalga oshirishda ishlatadi. -음세, -을게요 shakllari bir ma'noda kelib oddiy hurmat uslubidagi munosabatda ishlatiladi.

나도 따라가마.
Men ham seni izingdan boraman.

나도 따라감세.
Men ham izingizdan boraman.

저도 따라갈게요.
Men ham sening izingizdan boraman.

<-(으)ㄹ게(요)>

Bu kesim tugallovchisi so'zlovchining biror fakt to'g'risida qat'iy munosabatini va tasdig'ini ifodalaydi. Bu holatda ega I-shaxsda bo'lishi kerak.

내가 그 일을 할게.
Men bu ishni qilaman.

저녁에 선생님께 전화드릴게요.
Kechki payt o'qituvchimga qo'ngiroq qilaman.

2 So'roq gap (의문문)

1) Umumiy so'roq gaplar (일반 의문문)

① So'roq gapda so'zlovchi o'zi bayon qilgan fikrga suhbatdoshni fikr bildirishga undaydi: shu fikrni tasdiqlash yoki inkor etishni talab qiladi. Yozuvda so'roq gap oxirida so'roq belgisi qo'yiladi.

So'roq gaplar tarkibida kim (누가)?

qachon (언제)?

qayerda (어디)?

nima (무엇)?

qanday (어떻게)?

nima uchun (왜)?

qaysi (무슨)?

qancha (얼마)?

necha (몇)?

kabi so'roq so'zlar bo'ladi.

어디 가?
Qayerga borayapsan?

So'roq gaplar so'roq ohangi bilan ham yasaladi. So'roq gap darak gapdan ohangi bilan ajralib turadi. Shunda u bir xil yozilsa-da, uni ajratish mumkin, faqat so'roq belgisi bo'lishi shart.

하지. (maslahat va so'roq) Qilish kerak, qilasanmi?

하오. (buyruq va so'roq) Bajar, bajarasanmi?

먹어. (darak, buyruq va so'roq) Men yeyapman. Sen ye. Sen yeyapsanmi?

그이는 학교에 가요. (darak gap 평서문)
Oddiy shakli.

그이는 학교에 가요? (so'roq gap 의문문)
Hurmat shakli?

So'roq gaplar birdan ortiq kishi o'rtasida qo'llaniladi.

너 어디 갔다 오느냐?
Sen qayerga borib kelayapsan?

지금 밖이 춥니?
Hozir ko'cha sovuqmi?

지금 무엇을 합니까?
Hozir nimaqilayapsan?

② So'roq gap shakli bor bo'lsa-da, bu gap so'roq gap bo'lmaydi, so'roq shaklining bo'lishi qarama-qarshi ma'noni kuchaytiradi yoki maslahat, ta'qiq, buyruq, undov kabilarni ifodalaydi. O'zbek tilida bu ritorik so'roq gapga o'xshab ketadi.

누가 그것을 모를까?
Kim buni bilmas ekan (hamma biladi)?

빨리 못 가겠어? (빨리 가!)
Tez yurolmaysanmi? (tez yur)

운전면허증을 좀 보여 주시겠습니까?
Haydovchilik guvohnomangizni ko'rsatib yubormaysizmi (ko'rsating)?

③ His-hayajon so'roq gap ko'rinishi so'roq bo'lsa-da, mazmunan his-hayajon gap hisoblanadi.

한국에 갈 수만 있으면 얼마나 좋을까?
Koreyaga borolganimda qanchalar ajoyib bo'lardi?

So'roq gap tugallovchisining asosiy qo'llanilishi

Tugallovchi qo'shimchalar orasida gapni shunchaki tugallovchi emas, qandaydir fakt haqida ma'lumot beruvchi, so'zlovchining fakt haqidagi ta'rifi, fikri yoki hissiyotini ifodalab, yoki tinglovchi haqidagi taxminni bildiradi.

1. -(으)ㄹ까요

Kesimga qo'shiladigan bu so'roq shakli egaga tobe shaxsning taxminiy ma'nosini yoki maqsadini ifodalaydi. Hurmat shakli -요 yordamida tugallanadi.

1) Agar ega I shaxsda tursa, subyektni biror bir harakat haqidagi maqsadini yoki tinglovchi va uning fikri haqidagi so'roq shaklini ifodalaydi.

내가 먼저 나의 이름을 소개할까요?
Men birinchi bo'lib, o'zimni tanishtiramanmi?

내가 그 학생을 도와줄까?
Men u o'quvchiga yordam beramanmi?

2) Agar ega I shaxs ko'plikda bo'lsa, tinglovchiga uning hozirgi birgalikdagi harakat haqidagi fikri bilan hisoblashishni ifodalaydi.

우리 같이 차 한잔할까?
Birga choy ichamizmi?

같이 노래 한 곡 해 볼까?
Birga qo'shiq kuylaymizmi?

3) Agar ega I yoki II shaxsda bo'lsa, so'zlovchining harakati yoki subyekt holati haqida taxminni ifodalaydi.

내가 이 문제를 풀어낼 수 있을까?
Men bu muammoni hal qila olamanmi?

너희들이 제시간에 올까?
Sizlar o'z vaqtida kela olasizlarmi?

4) Agar ega III shaxsda tursa so'roq shakli so'zlovchining harakati yoki subyektning holati haqidagi taxminni ifodalaydi.

올해 겨울에도 날씨가 추울까요?
Bu yil qishda ham havo sovuq bo'ladimi?

혼자 집에 앉아있으면/있으면 심심하지 않을까요?
Yolg'iz uyda o'tirsangiz zerikmaysizmi?

2. -나(요)?

Bu so'roq shakli so'zlovchi biror bir fakt haqida tinglovchidan so'raganda yoki o'z-o'ziga so'roqni anglatadi. Shu sababdan ega doim I shaxsda bo'lishi kerak. -요 qo'shilsa suhbatdoshga hurmatni ifodalaydi. Birikma tarzida ham kelishi mumkin -(으)ㄴ가(요)?.

지금 밖에 비가 오나요?
Hozir ko'chada yomg'ir yog'ayaptimi?

내가 이 서류에 서명해야 합니까?
Men bu hujjatga imzo qo'yishim kerakmi?

요즘 서울 날씨는 어떤가요?
Keyingi kunlarda Seulda ob-havo qanday?

3. -지

So'zlovchi, tinglovchi ham biladigan biror faktni tasdiqlash uchun ishlatiladi. Hurmat shaklida -지요? bo'ladi, u ba'zan -죠 tarzida qisqarishi mumkin.

저 좀 도와주실 수 있으시지요?
Siz menga yordam bera olasizmi?

당신은 안바르라는 학생이지요?
Sen Anvar degan talabamisan?

* Bu shakl bilan kelgan gaplar so'roq bo'lmasligi ham mumkin.

늦었는데 빨리 가시지요.
Kechikdingiz tezroq boring.

3 **Buyruq gap (명령문)**

Buyruq gap tinglovchini biror harakat qilishga undaydi. Ya'ni buyruq beradi.
Undash har xil bo'ladi; chaqiriq, maslahat, yalinish va hokazo.
Buyruq gap qo'shimchalar yoki ohang bilan yasaladi.

① Buyruq gapning rasmiy uslubi

- '아라, -어라' oddiy (낮춤말) shakli
  읽어라. (O'qi)
  보아라. (Qara)

- '게' o'rtacha hurmat shakli (예사말)
  보게. (Qara)
  먹게. (Ye)

- '오, -구려' oddiy hurmat shakli
  보오. (Qarang)
  먹구려. (Yeng)

- 'ㅂ시오' rasmiy hurmat shakli '-(으)세요'
  보십시오. (Qarang) 보세요.
  가십시오. (Boring) 가세요.

  이 책을 읽어 보세요.
  Bu kitobni o'qib ko'ring.

  맛있게 드십시오.
  Yaxshi ovqatlaning.

② Norasmiy uslub

- '-아/어, -지' oddiy shakl
  먹어./먹지. (Ye)

- '-아/어요, -지요' umumiy hurmat munosabati uslubida
  먹어요./먹지요. (Yeng)

Vositali buyruq gap yozma nutqda vositali buyruqni bildiradi. Vositali buyruq oddiy (낮춤말) shaklda -으라 tarzida qo'llaniladi. Quyidagi misollar nafaqat shakli, ma'nosi bilan ham farqlanishi mumkin.

Vositasiz buyruq	Vositali buyruq
신문을 보아라. (gazetani qara)	신문에게 보라. (gazetaga qara)
빵에서 받아라. (nondan oling)	빵을 받으라. (nonni oling)
먹어라. (-dan yeng)	먹으라. (-ni yeng)
골라라. (-dan tanla)	고르라. (-ni tanla)

Tinglovchi yoshi va mavqei jihatidan katta bo'lganida buyruq gapdan foydalanish noqulay, mumkin ham emas. Garchi buyruq gapning hurmatni ifodalagan shakli (높임말) o'rniga boshqa shakldan foydalnishingiz mumkin.

보십시오. Qarang.

보시지요. Qarab ko'rmaysizmi.

보시기 바랍니다. Qarashingizni so'rab qolamiz.

4 Taklif gap (청유문)

Taklif gap buyruq gapga o'xshab ketadi, biroq bu gapda so'zlovchi tinglovchini birgalikda harakat qilishga taklif etadi.

같이 하자.
Birga qilaylik.

Taklif gapning mayli.

Biror harakatni amalga oshirishni ifodalaydi.

나도 한마디 하자.
Meni ham aytadigan gapim bor.

빨리 표를 팝시다.
Tez chiptalarni sotaylik.

Taklif gap qo'shimchalari. Rasmiy uslub

–자, –세 oddiy hurmatsiz va o'rta shakl uslubida ishlatiladi.

하자 = 하세 birga qilamiz

–ㅂ시다 rasmiy uslub (격식체) hurmat shakli.

음악회에 같이 갑시다.
Konsertga birga boramiz.

–시지요. (hurmat uslubi)

하시지요. birga qilaylik

Taklif gap qo'shimchalari. Norasmiy uslub.

–아/어 oddiy shakl (낮춤말) bu shakl ko'proq yosh bolalar o'rtasida ishlatiladi.

지금 숙제를 해.
Hozir uyga vazifani qilaylik.

이 김치를 먹어.
Bu kimchini yeymiz.

–아/어요 hurmat shakli.

해요. Qilamiz

먹어요. Yeymiz

이 영화를 보자.
Bu kinoni ko'ramiz.

5 His-hayajon gap (감탄문)

His-hayajon gaplar darak, so'roq, buyruq, taklif ohangi bilan aytiladi. Bunda ohangga e'tibor qilinadi. Yozuvda asosan his-hayajon gaplar oxiriga undov qo'yiladi. His-hayajon gapni ikki uslubi bor: rasmiy va norasmiy. Rasmiy uslubning betaraf shaklida –구나, –어라 oddiy shaklida –구먼; oddiy hurmatni ifodalaydigan shakli –구려; norasmiy uslub –군, –어 ishlatiladi. –군요 hurmat shakli hisoblanadi.

춥구나!	덥군!
Voy, sovugʻey!	Issiq!
추워라!	더워!
Voy, sovuq!	Issigʻey!
춥구려!	덥군요!
Qanchalar, sovuq!	Bunchalar, issiq!

His-hayajon gap kesimi sifat boʻlsa, his-hayajon qoʻshimchasi hech bir vositasiz qoʻshiladi. Agar –구나 feʻlga qoʻshilsa –는 yordamchi qoʻshimchasidan keyin keladi. –로구나 shakli otdan keyin kelgan predikativ kelishik asosi –이 ga qoʻshilib keladi. 채이로구나! (Kitob-ku!)

2 Gapning tuzilishi (문장의 구조)

1 Asosiy tusilish (기본 구조)

Gapning asosiy tuzilishi har qanday gapning tuzilishiga asos boʻlib xizmat qiladi. Ular bosh boʻlaklar ega (주어) va kesim (서술어) qatnashgan gaplardan iborat, gapning bu turi koreys tilida 4 ga boʻlinadi.

유형 (tur)	문장구조 (gapning tuzilishi)	예 (misollar)
제1형 (1-tur)	Ega + ot + 이다 (주어 + 서술어) 명사 + 이다 Ega + feʻl kesim(sifat kesim) 주어 + 서술어(동사, 형용사)	이것이 책이다. Bu kitob. 날씨가 좋다. Havo yaxshi. 새가 난다. Qush uchayapti.
제2형 (2-tur)	Ega + toʻdiruvchi + kesim (되다/아니다) 주어 + 보어 = 서술어(되다/아니다)	그는 의사가 아니다. U vrach emas. 나는 기자가 되었다. Men jurnalist boʻldim.
제3형 (3-tur)	Ega + vositasiz toʻldiruvchi + kesim(oʻtimli feʻl) 주어 + 목적어 + 서술어(타동사)	아기가 사과를 먹습니다. Bola olma yeyapti.

제4형 (4-tur)	Ega + vositali to'ldiruvchi + vositasiz to'ldiruvchi + kesim 주어 + 간접목적어 + 직접목적어 + 서술어(수여동사)	나는 친구에게 사전을 주었다. Men do'stimga lug'at kitob berdim.

1-tur gap faqat bosh bo'laklardan tashkil topgan yig'iq gap hisoblanadi. 이것이 책이다 misolidagi 책이다 ot-kesim hisoblanadi. Ega esa −이/가 bosh kelishigini olgan. 날씨가 좋다 gapi kesimi ham sifatdan tashkil topgan ot kesim hisoblanadi. Bu gaplarni tahlil qiladigan bo'lsak 4 morfemadan tashkil topganini ko'ramiz:

새	가	날	ㄴ다
ot (명사)	bosh kelishik (격조사)	fe'l (동사)	qo'shimcha (어미)
ega (주어)		kesim (서술어)	

2-tur gaplarda bosh bo'laklardan tashqari to'ldiruvchi ham qatnashadi.

3-tur gaplarda kesim vositasiz to'ldiruvchini talab qiladi, chunki bu kesim o'timli fe'l hisoblanadi, vositasiz to'ldiruvchi −을/를 tushum kelishigidir.

아기	가	사과	를	먹	는다
ot (명사)	bosh kelishik (주격조사)	ot (명사)	tushum kelishigi (목적격조사)	o'timli fe'l o'zagi (타동사어간)	qo'shimcha (어미)
ega (주어)		to'ldiruvchi (목적어)		kesim (서술어)	

4-tur gapda kesim talab qilgan vositasiz to'ldiruvchiga qo'shimcha vositali to'ldiruvchi ham qatnashadi. Bu holatda kesim faqat 수여동사 = 주다 dan iborat bo'ladi.

Gapning ma'lum bir bo'lagiga alohida e'tibor berib, uning boshqa bo'laklardan ovoz kuchi bilan ajratilishi ma'no urg'usi deyiladi. Ma'no urg'usini olgan bo'lak ko'pincha kesim oldidan keladi.

이 일을 내가 할 거예요.
Bu ishni men qilaman. (다른 사람이 아니고)

내가 이 일을 할 거예요.
Men bu ishni qilaman. (다른 일이 아니고)

Gapning ikkinchi darajali bo'laklari

Gapning ikkinchi darajali bo'laklariga aniqlovchi (관형어) va hol (부사어) kiradi. Bular gapning asosiy tuzilishida ishtirok etuvchi bosh bo'laklar; ega, kesim, to'ldiruvchilarni aniqlab keladi. Aniqlovchi doim ot so'z turkumlari (ot, son, olmosh)ni aniqlaydi. Ot kesim bo'lib kelganda ham uni aniqlayveradi.

이것은 저의 책상입니다.
Bu mening stolim.

Aniqlovchining yasalish usuli ko'p:
예쁜 꽃을 보다.
이것은 새 공입니다.
저기 가시는 분이 선생님입니다.

Qayerda, qachon, qay tarzda, qay holatda, nima bilan kabi savollarga javob bo'ladigan so'zlar ravish ya'ni hol bo'lib keladi.

아이들이 강에서 수영을 한다.
Bolalar daryoda cho'milishmoqda.

정원에 꽃이 예쁘게 피었다.
Gulzorda gullar chiroyli ochilibdi.

Gaplar tuzilishiga ko'ra sodda va murakkab (yoyiq va yig'iq), qo'shma va ergashgan gaplarga bo'linadi.

Sodda gaplar tuzilishiga ko'ra suhbat jaroyonida to'liq va to'liqsiz bo'lishi mumkin. Nutq vaziyatidan ma'lum bo'lgan ayrim bo'laklari tushirilgan gap to'liqsiz gap deyiladi. Bu tushib qoluvchi bo'laklar ega ham to'diruvchi va boshqa gap bo'laklari bo'lishi mumkin.

영수는 아픈지 소리를 질렀다. 그리고 울기 시작했다.
Youngsuga og'rigan shekki baqirib yubordi. Keyin yig'lay boshladi.

무하밧아, 너 수박 먹고 싶어? — 예, 먹고 싶어요.
Muhabbat, tarvuz yeyishni xohlaysanmi? — Ha, yeyishni xohlayman.

누가 아프지? — 영수가요.
Kim kasal ekan? — Youngsu.

Agar holat matndan anglashilmagan holat bo'lsa, qisqa gap ishlatilmaydi. Bu idiomatik iborlarga taaluqli emas. Ular egasiz qo'llaniladi.

도둑이야!
Ogiri!

사람 살려!
Yordam!

불이야!
Yong'in!

Sodda gaplar bir ega va bir kesimdan tashkil topadi. Murakkab gaplar ikki ega va kesimdan tashkil topadi.

가. 비가 내린다.
  Yomg'ir yog'yapti.

나. 파리는 낭만적이다.
  Parij hissiyotlarga boy.

다. 비가 내리는 파리는 낭만적이다.
  Yomg'ir yog'ayotgan Parij hislarga boy.

라. 비가 내리지만 파리는 낭만적이다.
  Yomg'ir yog'ayapti, ammo Parij hissiyotlarga boy.

가-나-gaplar sodda yig'iq gap, 다-gap sodda yoyiq gap, 라-gap esa qo'shma gap. Murakkab gaplarni tuzishning ikki usuli bor: 가-gapni yoyib (다-gap kabi), 나-boshqa gapni qo'shib yoyiq gap yasaladi. Uchinchi usulda yasalgan gap murakkab gap deyiladi.
Murakkab gaplar bitta ega va kesimadan tashkil topgan yoyiq gap hisoblanadi.

Sodda yoyiq gaplar (단문)

마흐주나는 악말이 돌아오기를 손꼽아 기다린다.
Mahzuna Akmalni qaytib kelishini betoqatlik bilan kutmoqda.

자동차에 치여 죽은 고양이를 묻어 주었다.
Mashina bosib ketgan mushukni ko'mib qo'ydim.

김 교수님이 내일 타슈켄트 오신다는 소식을 들었다.
Yoyiq va yig'iq gaplar aniqlovchi vazifasini bajaradi.

Sodda yoyiq gaplar -음, -기, -은 것, -은/-는/-던 kabi qo'shimchalar bilan davom ettiriladi.

같이 공부하는 학생들과 함께 산에 갔던 기억이 새롭다.

Qo'shma gaplar ham ikki turga bo'linadi: bog'langan qo'shma gap, ergashgan qo'shma gap. Qo'shma gapning har ikkala turida ham qo'shma gaplar bog'lovchilar yoki bog'lovchisiz birikishi mumkin.

1) Bog'langan qo'shma gap

Bog'langan qo'shma gaplar teng bog'lovchilar -고, -며, -나, -지만 bilan yasaladi.

옥사나는 한국어를 전공했고 철수는 러시아어를 전공했다.

옥사나는 서울대학에서 러시아어를 가르치며

철수는 모스크바대학에서 한국어를 가르친다.

옥사나는 자기 일에 만족하나 철수는 불만이 많다.

Bu gaplar o'zaro mustaqil bo'lgani (ergashib kelmagani) uchun bog'langan qo'shma gap hisoblanadi.

2) Ergash gapli qo'shma gap

Ergashgan qo'shma gaplar bosh gap va ergash gapdan tashkil topgan bo'ladi.

비가 내리지만 파리는 낭만적이다.

비가 내리는 gapi ergash gap, 파리는 낭만적이다 bosh gap hisoblanadi. Ergash gap bosh gapga ergashib keladi.

3) Ergash gapli qo'shma gap turlari

Ergash gapli qo'shma gaplar mazmuniga va bosh gapga munosabatiga ko'ra quyidagi turlarga bo'linadi:

① Ega ergash gap.
② Payt ergash gap.
③ Shart ergash gap.
④ Ravish ergash gap.

⑤ Sabab ergash gap.

⑥ Maqsad ergash gap.

⑦ To'siqsiz ergash gap.

⑧ Natija ergash gapli qo'shma gap.

① 자기의 책임을 잊으면, 그 사람은 잘못하는 것입니다.
Kim o'z javobgarligini unutsa ko'p xato qiladi.

② 가. 봄이 오니 꽃이 핀다.
Bahor kelgach gullar ochiladi.

나. 겨울이 다 가도록 눈이 오지 않았습니다.
Qish o'tguncha, qor yog'madi.

다. 대통령의 연설이 끝나자마자 청중들이 일어서서 박수를 쳤습니다.
Prezidentning nutqi tugagandan keyin tinglovchilar turib qarsak chaldilar.

③ 가. 봄이 되면 제비가 날아옵니다.
Bahor bo'lsa, qaldirg'ochlar qaytadi.

사장님이 들어오시면 연락해 주세요.
Boshliq kelsa, xabar qilib qo'ying.

나. 성적이 좋아야 장학금을 받습니다.
Fe'ling yaxshi bo'lsa, stipendiya olasan.

팔아 봐야 몇 푼 안 됩니다.
Hammasini sotsang ham puling yetmaydi.

다. 부탁이 있거든 말해 보세요.
Iltomosingiz bo'lsa, aytib ko'ring.

좋은 사람이거든 사귀어 보세요.
Yaxshi odam bo'lsa do'stlashib ko'ring.

④ 대통령께서 차에서 내리다가 저격을 당했습니다.
Prezident mashinasidan tushayotganida o'qqa uchradi.

⑤ 가. 안개가 심해서 비행기가 이륙하지 못합니다.
　　Tuman qalin bo'lganligi uchun samolyot parvoz qila olmaydi.

　　눈이 와서 길이 미끄럽다.
　　Qor yoqqani uchun, yo'llar sirpanchiq.

　　나. 길이 막히니까 전철을 탑시다.
　　Yo'l tirband bo'lgani uchun elektropoyezdga minamiz.

　　내일은 시험이 있으니까 준비하세요.
　　Ertaga imtihon borligi uchun tayyorlaning.

　　다. 아기가 자는데 조용히 하세요.
　　Chaqaloq uxlayapti, sekinroq harakat qiling.

　　라. 잠을 자게 불을 꺼라.
　　Uxlashim uchun, chiroqni o'chir.

⑥ 공부를 더 하려고 대학원에 다닙니다.
O'qishni davom ettirish maqsadida magistraturada o'qiyapman.

⑦ 아무리 가르쳐도 그 아이는 깨닫지 못합니다.
Qanchalik o'qitsam ham u bola tushuna olmayapti.

아무리 먹어도 배가 고파요.
Qanchalik yesam ham qornim to'ymayapti.

⑧ 그 친구는 만날수록 더 믿음이 가요.
U do'stim bilan uchrashgan sayin unga ishonchim ortyapti.

철학 책은 읽을수록 더 어려워지는 것 같다.
Falsafa kitobini o'qigan sari qiyinlashib borayotganga o'xshaydi.

Muallif gapi qo'shimchasi ko'chirma gapda ham o'zlashtirma gapda ham qo'llaniladi. Shuningdek, u nafaqat ikki bosh bo'lakli gaplar, balki sodda gaplarda ham qo'llaniladi.

Muallif gapi shakllari -(이)라고 하다 ning sinonim shakllari -(이)라고 그러다 = 라고 말하다, -는(ㄴ/은)다고 하다 = -는(ㄴ/은)다고 그러다, shuningdek -냐고 그러다, -(으)라고 그러다, -자고 그러다 kabi shakllari mavjud.

그 사람은 취미가 뭐라고 그래요? = 뭐라고 말해요?

만나서 차나 한잔하자고 그럽니다.

Uchrashganimiz uchun choy ichamizmi, deb taklif qilayapti.

	ot	fe'l	sifat
darak gap	-(이)라고 하다	-는(ㄴ)다고 하다	-다고 하다
so'roq gap	-(이)냐고 하다	-(느)냐고 하다	-(으)냐고 하다
buyruq gap	–	-(으)라고 하다	–
taklif gap	–	-자고 하다	–

40 jadval

-(이)라고 하다 va -(으)라고 하다 o'xshash bo'lsada 1-si otdan keyin, 2-si buyruq gap kesimidan keyin keladi.

Shuningdek, so'roq gaplarda ishlatiladigan S/F-다지요? (sifat/fe'l) va ot -라지요? shakllari og'zaki nutqda faol ishlatiladi.

듣기 시험이 어려웠다지요? — 네, 아주 어려웠어요.
Eshitish imtihoni juda qiyin bo'ldi deyishdimi? — Ha, juda qiyin bo'ldi.

철수 씨의 여동생이 참 예쁘다지요? — 네, 예쁘다고 해요.
Cholsuning singlisini chiroyli deyishayapti-ya? — Ha, chiroyli deyishayapti.

저분이 유명한 의사 선생님이라지요? — 네, 아주 유명한 분이세요.
Anavi kishini mashhur shifokor deyishadi-a? — Ha, juda mashhur shaxs.

Muallif gapining qisqartirilishi:

• S/F-대요 = -다고 해요

그 영화가 어떻대요? — 정말 재미있대요. 같이 보러 갈래요?

Bu kinoni qanday deyishayapti? — Rostdan qiziq deyishayapti birga ko'rishga boramizmi?

그 노래가 쉽대요?

Bu qo'shiqni kuylash oson deyishadi?

• S/F-(으)ㄹ 거래요. = (으)ㄹ 거라고[것이라고] 하다.

토미 씨는 내년에 박사학위를 끝내고 고향으로 돌아갈 거래요.

내일은 날씨가 흐릴 거래요.

• Ot-(이)래요. — 리고 히다.

Fe'l (으)래요. = 라고 해요.

일기예보에서 뭐래요? — 다음주부터 장마래요.

저분은 누구시래요? — 역사학과 교수님이시래요.

학교에 가세요. (학교에 가래요.)

Maktabga bor deyapti.

Muallif gapining so'roq shakli ikki xil ko'rinishda bo'ladi:

• S/F-냐고 하다[묻다], ot-(이)냐고 하다[묻다].

어제 날씨가 추웠냐고 물었어요.

Kecha havo sovuq bo'ldimi, deb so'radi.

선생님께서 한국 생활에 익숙해졌냐고 물어 보셨어요.

O'qituvchim Koreya hayotiga o'rganib qoldingmi, deb so'radilar.

나는 바바라 씨에게 몇 살이냐고 물어 보았어요.

Men Barbaradan necha yoshdasiz, deb so'radim.

Muallif gap kesimi kelasi zamonni ko'rsatsa S/F-(으)ㄹ 거라고[것이라고] 하다 shakli qo'llaniladi.

이번 겨울은 별로 춥지 않을 거라고 합니다.

Bu qish unchalik sovuq bo'lmaydi deyishyapti.

그는 일이 있어서 회의에 참석하지 못할 것이라고 했습니다.

U, ishi bo'lgani uchun majlisga qatnasha olmasam kerak, dedi.

O'zlashma gaplarda birovning gapidan ko'chirma olinib -'라고, 하고' dan foydalanilsa unda qo'shtirnoq ('-"") belgilaridan foydalaniladi.

안바르는 '교수님께서 언제 돌아오십니까?'라고 물었다.
폭죽을 터트리는 소리가 '뻥뻥'하고 울렸다.
Ko'chirma gap yasash shakllari 38-jadvalda ko'rsatilgan.

Ko'chirma gapda darak gap, so'roq gap, buyruq gap, taklif gap va his-hayajon gapning o'zgarishi

Ko'chirma gapga bular -고 biriktiruv bog'lovchi orqali bog'lanadi.

1 Agar darak gap ko'chirma ergash gapga aylantirilsa, gap tugallovchisi -다 ga o'zgaradi. Agar kesim -이다 bilan tugagan bo'lsa -(이)라 ga o'zgaradi.

"할아버지께서 어제 떠나셨습니다."
Bobom kecha jo'nab ketdilar.

"할아버지께서 어제 떠나셨다고 말했다."
Bobom kecha jo'nab ketdi, deb aytdi.

2 Agar his-hayajon gap ko'chirma ergash gapga aylantirilsa, oxirgi qo'shimchasi -다 ga o'zgaradi. '아, 추워라! (Voy, sovuq!)', '(철수는) 춥다고 말하였다. (Cholsu sovuq, deb aytdi.)'. Bu gapda ega ko'rsatilmagan, shuning uchun u darak gapga o'zgartirilganda ega ko'rsatilishi kerak.

3 Agar so'roq gap ko'chirma ergash gap bo'lsa, so'roq gap tugallovchisi '-느냐' yoki '-(으)냐' ga o'zgaradi.
'어디 가니?' gapi '어디 가느냐고 물었다.' tarzida o'zgaradi.

4 Agar buyruq gap ko'chirma ergash gapga o'zgartirilsa, buyruq gapning oxirgi qo'shimchasi '-(으)라' ga o'zgaradi.

'읽어 봐.' gapi '읽어 보라고 말했다.' tarzida o'zgaradi. (O'qib ko'r, dedi)

5 Buyruq gap ko'chirma ergash gapga aylantirilganda, buyruq gap
kesimining tugallovchi qo'shimchasi '-자' ga o'zgaradi.

'빨리 가세.' (Tez bor) gapi '빨리 가자고 말씀하셨다.' tarzida o'zgaradi.

9 O'zlashtirma gap (간접화법)

1) Shakli o'zgartirilib, mazmuni ifodalangan o'zgalarning gapi o'zlashtirma gap
deyiladi. So'roq, buyruq mazmunini ifodalagan ko'chirma gap darak gap
tarzida bo'ladi. O'zlashtirma gapda '-고' ishlatilganda qo'shtirnoq belgilari
(''-"") tushib qoladi. Bu boshqa odamning hislarini yoki fikrini yetkazish
nutqida yoki xat yozganda ishlatiladigan usul.

안바르는 교수님이 언제 돌아오시냐고 물었다.
선생님은 학생들에게 시험이 어렵냐고 물었습니다.

2) Ko'chirma gap o'zlashtirma gapga aylantirilganda kesim so'ngidagi hurmat
darajasi neytral holatga aylanadi, biroq muallif gapida hurmat darajasi
saqlanadi.

사장님께서는 만날 사람이 있다고 하시면서 외출하셨습니다.

3) Ko'chirma gap o'zlashtirma gapga aylantirilganda suhbat holatiga bog'liq
bo'lgan joy, vaqt, shaxsni ifodalovchi so'zlar o'zgartirilishi kerak.

의사는 환자에게 '여기 앉으십시오.'라고 했습니다.
의사는 환자에게 저기 앉으라고 했습니다.

18 Inkor gap (부정문)

Inkor gap inkorni ko'rsatuvchi '아니(안)' yoki '못' ravishlari, inkor ma'nosini beruvchi '아니다, 아니하다(않다)'; 못하다, 말다 gaplardan tashkil topgan. '아니다, 아니하다(않다)' inkor gaplarga '안' aytiladi.

못, 못하다 larni 못 inkori deyiladi. 말다 inkori ham mustaqil inkor hisoblanadi.

1 안

1) Kesim - ot so'z turkumlari + kesimlilik qo'shimchasi (체언 + 이다) tarzidagi gapning inkori kesim vazifasida kelayotgan otga to'ldiruvchi kelishik (보격조사) ni qo'shib predikativ kelishik '이다' o'rniga '아니다' yoziladi.

① 가. 철수는 학생회장이다.
   Cholsu talabalar rahbari.

   나. 철수는 학생회장이 아니다.
   Cholsu talabalar rahbari emas.

   → Bu inkor shakl o'zi inkor qilib kelayotgan otda doimo ‐이/가 kelishigini talab qiladi. Shu sababli ‐이/가 아니다 ajralmas birikmadir.

② 가. 오늘의 안내원은 여자다.
   Bugun kuzatuvchi-ayol kishi.

   나. 오늘의 안내원은 여자가 아니다.
   Bugun kuzatuvchi-ayol emas.

Yuqoridagi ② 가. si tasdiq gap, 나. si inkor gap. '아니다' so'zi egani inkor qilishi bilan birga kesimni ham inkor qilishi mumkinligini ②-gapda berilgan.

2) Kesim tuslangan (zamon, nisbat, mayl qo'shimchalarini olgan) bo'lsa, kesim oldidan '아니(안)' inkorini qo'yish yoki ② kesim bo'lgan tuslangan so'z o'zagiga '-지' qo'shimchasini qo'shib undan keyin tuslovchi qo'shimchalarni '아니하다(않다)' so'ziga qo'shib, inkor gap yasash mumkin.

③ 가. 철수가 시골에 갔다.
   Cholsu qishloqqa ketdi.

  나. 철수가 시골에 안 갔다.
   Cholsu qishloqqa ketmadi.

  다. 철수가 시골에 가지 아니하였다(않았다).

④ 가. 오늘은 춥다.
   Bugun sovuq.

  나. 오늘은 안 춥다.
   Bugun sovuq emas.

  다. 오늘은 춥지 않다.

Yuqoridagi uchinchi va to'rtinchi gaplar 나., 다. si har biri 가. ga qarshi yasalgan inkor gap hisoblanadi. 나. ① usulga ko'ra, 다. esa ② usulga ko'ra yasalgan. Qulay bo'lishi uchun ① usulni "qisqa inkor gap", ② sini "uzun inkor gap" deb aytamiz.

⑤ 가. 나는 그를 추천 안 했다.
  나. 하늘이 어제처럼 새파랗다.
  다. 그는 교육자답다.
  라. 나는 어째서 그분을 안 본받느냐.

Umuman kesim bo'lib kelgan so'z qo'shma yoki yasama so'z bo'lsa, qisqa inkor gap yasalmaydi. Yuqoridagi misollardagi 추천했다, 새파랗다, 교육자답다 lar yasama, ya'ni misol qilib olingan qo'shma so'z. Demak beshinchi gap qoidaga to'g'ri kelmaydi.

'휘감다, 설익다, 빛나가다, 얄밉다, 억세다' kabi old qo'shimchali yasama so'z '기웃거리다, 깜박이다, 정답다, 슬기롭다, 정성스럽다, 공부하다, 통일하다, 노하다' kabi suffikslar bilan yasalgan yasama so'zlar hamda 앞서다, 오가다, 굶주리다, 값싸다, 이름나다 kabi qo'shma so'zlarning barchasiga qisqa inkor gap ishlatilmaydi. Uzun inkor gap yasalganda bunday qoida yo'q. Yuqorida berilgan yasama va qo'shma so'zlarning barchasi erkin uzun inkor gap bo'la oladi.

⑥ 1. 나는 그를 추천하지 않았다.

    2. 하늘이 어제처럼 새파랗지 않다.

→ Biroq bir xil qo'shma so'zlar bo'lsa ham '돌아가다, 들어가다, 내려오다, 잡아먹다' kabi qo'shma fe'llar, 전하다, 상하다, 독하다, 연하다 singari fe'l va sifat orasidagi 하다 yasama so'z bor, 들리다, 웃기다, 맞추다 kabi majhul va orttirma nisbatli fe'llar qisqa inkor gap bo'la oladi.

⑦ 왜 안 들어가지?
Nimaga kirmading?

소리가 작아서 잘 안 들리는데요.
Ovoz past bo'lgani uchun yaxshi eshitilmadi.

→ Hammasi birgalikda qo'shma so'z va yasama so'z bo'lsa ham nima uchun bu fe'l shakllari va sifatlar qisqa inkorni erkin olishi hamon noma'lum. Aksincha, '아름답다, 날카롭다, 가파르다' ga o'xshash sifatlarni yasama so'z deyish qiyin bo'lsa-da, ularning qisqa inkor shaklida qo'llanmaydi.

→ Yuqorida '하다' fe'li bilan yasalgan yasama fe'llar qisqa inkorni olmaydi, biroq 공부하다, 역구하다, 운동하다, 장사하다 kabi ajralolmaydigan oladigan fe'llar o'zagiga 하다 so'zidan oldin 아니(안) qo'yib 철수는 지금 공부를 안 한다 kabi qisqa inkor gap tuzish mumkin.

3) Uzun inkor gaplarga zamon qo'shimchalari fe'ldan keyin kelayotgan inkor shaklga qo'shiladi. Ya'ni '-았-, -겠-, -더-' va boshqa zamon qo'shimchalari 아니하다(않다) ga qo'shiladi.

⑧ 가. 순미가 집에 갔다.
　　Sumi uyiga ketdi.

나. 순미가 집에 가지 않았다.
　　Sumi uyiga ketmadi.

⑨ 가. 철수가 집에 있더냐?
　　Cholsu uyda edimi?

나. 철수가 집에 있지 않더냐?
　　Cholsu uyda emasmidi?

Bu sakkiz va to'qqizinchi gaplar 나. si inkor darak, inkor so'roq gap.

⑩ 가. 철수는 부산에 갔다.
　　Cholsu Pusanga ketdi.

나. 철수는 부산에 갔지 않아?
　　Cholsu Pusanga ketmadimi?

→ Zamon qo'shimchasi inkor so'zga emas inkor qilingan kesimga qo'shilib kelgan, 나. si inkor so'roq gap (부정의문문) emas, tasdiq so'roq gap (확인의문문) hisoblanadi.

⑪ 철수는 부산에 가지 않았어?

Yuqoridagi gapning oldingi gaplardan mutlaqo farqlanadi. O'n ikkinchi gapda Cholsuning Pusanga borgan yo bormaganini bilmagani uchun so'ralayotgan so'roq bo'lsa, o'ninchi va o'n birinchi gaplarning 나. si 가. dagi faktni tasdiqlaydigan so'roq gapdir.

Inkorning bu shakli birikma (장형부정) tarzida va oddiy (단형부정) inkordan tashkil topgan. Oddiy inkor '못' doimo fe'l oldidan keladi, agar 공부하다, 지불하다, 설거지하다 kabi yasalgan fe'llarda 하다 fe'lidan oldin keladi.

① 가. 영어 공부를 <u>못</u> 합니다.
　　 Ingliz tilini o'rgana olmayapman.

　　나. 월요일에는 대학교에 <u>못</u> 갔습니다.
　　 Dushanbada o'qishga borolmadim.

　　다. 영수는 집에 가<u>지</u> <u>못</u>했다.
　　 Yongsu uyiga borolmadi.

Birinchi misolning 나. si oddiy (단형부정) shakli qo'yilgan bo'lsa, 다. sida esa birikma tarzda ishlatilgan. Yuqorida aytib o'tganimiz murakkab so'zlar (yasama va qo'shma) birikmaga inkor qo'shiladi.

나는 그를 추천하<u>지</u> <u>못</u>했<u>다</u>.

Zamon qo'shimchalari birikma shaklli inkordan so'ng keladi.

② 가. 철수가 동화책을 샀다.
　　 Cholsu rasmli kitob sotib oldi.

　　나. 철수가 동화책을 사지 못했다.

Zamon qo'shimchasi inkorning oddiy shaklidan keyin kelgan fe'lga qo'shiladi.

③ 나는 철수를 못 보았다.
　　Men Cholsuni ko'rolmadim.

'못' va '지 못하다' inkorlari ingliz tilidagi can't (can not) modal fe'liga o'xshaydi, o'zbek tiliga "qodir bo'lmaslik, qilolmaslik" ma'nosini beradi.

④ 내일은 돈이 없어서 대학교에 못 가겠습니다.
Pulim yo‘q bo‘lgani uchun ertaga universitetga borolmayman.

⑤ 나는 지금 영어를 공부하지 못합니다.
Men hozir ingliz tilini o‘rgana olmayman.

→ Inkor gaplar ko‘p ma‘noli bo‘ladi. Shu sababdan ularni qay
ma‘noda kelayotganini aniq ifodalash uchun, kelishik va yordamchi
qo‘shimchalarni to‘g‘ri qo‘ya bilish kerak.

⑥ 가. 내가 철수를 못 보았다.
Men Cholsuni ko‘rolmadim.

나. 내가 철수를 보지 못했다.
Ushbu gaplarning har biri uch ma‘noda kelayapti.

- Cholsuni ko‘rolmagan kishi men (boshqa emas).
- Men ko‘rolmagan kishi (aynan) Cholsu.
- Men Cholsuni faqat ko‘rolmadim (eshitdim, bildim) xolos.

Agar bu holatda yordamchi qo‘shimchalar (은/는) bilan birga yozadigan
bo‘lsak, bitta ma‘noni ko‘rishimiz mumkin.

⑦ 가. 내가 철수는 못 보았다. (보지 못했다)
나. 내가 철수를 보지는 못 했다.
Men Cholsuni ko‘rolmadim.

O‘zbek tilida bu ma‘noni ma‘no urg‘usi beradi.

Birikma tarzidagi -지 못하다 inkorli fe‘ldan tashqari ba‘zi sifatlarga ham
qo‘shilishi mumkin.

⑧ 가. 그 아이가 똑똑하다.
Bu bola aqlli.

나. 그 아이가 똑똑하지 못하다.
Bu bola aqlli bo‘la olmaydi.

Bunda gapdagi eganing kesim ko'rsatayotgan sifatga qodir bo'lolmasligini ko'rsatadi. 넉넉하다, 우수하다, 만족하다, 풍부하다 va boshqa sifatlar inkor qo'shimchasini oladi.

3 말다

Koreys tilida inkorlar gap turlari va kesim ko'rinishiga qarab qo'llaniladi. Buyruq va taklif gap (명령문과 청유문) kelganda yuqorida ko'rib chiqqan inkorlar ishlatilmaydi. Ular faqat darak va so'roq gaplarda ishlatiladi. Buyruq gap va taklif gaplar uchun –지 말– inkori ishlatiladi. Ma'nosi inkor qo'shilgan fe'ldan anglashilgan ish-harakatni bajarmaslikka buyruq, yoki taklifni anglatadi.

① 떠들지 말아라.
　　Shovqin qilma. (buyruq)

② 오늘 공부하지 말자.
　　Bugun o'qimaymiz. (taklif)

말다 inkori buyruq va taklif gapning tugallovchi turli shakllari (ehtirom, betaraf, oddiy)ni olib qo'llanilishi mumkin.

ehtirom turi	명령문 (buyruq gap)	청유문 (taklif gap)
yuqori hurmat	–지 마십시오.	–지 마세요.
o'rta	말게요.	마세요.
oddiy	말아라.	말자.

41 jadval

우리는 집에 가지 맙시다.
Biz uyga bormaylik (taklif gap/ehtirom).

너는 철수를 보지 말아라.
Sen Cholsuga qarama (buyruq/oddiy).

영화 보러 가지 말자.

Kel, kini ko'rishga bormaymiz (taklif/oddiy).

Sifat kesim bo'lib kelganda 말다 gapga qo'shilmaydi.

③ 네가 착하지 말아라.
　　Sen oqko'ngil bo'lma. (×)

④ 우리가 친절하지 말자.
　　Biz qadrdon bo'lmaylik. (×)

Biroq sifatlar ham 말다 inkorini olishi mumkin. Bunda gap taklif ham buyruq gap ham bo'lmaydi, balki ma'lum vaziyatning ro'y berishi, jarayon, bo'lib o'tish kabi ma'nolarni beradi.

⑤ 오늘 춥지만 말아라.
⑥ 집이 너무 작지만 말아라.

Beshinchi gapda bugun sovuq bo'lmasligini tilash, oltinchi gapda uyni juda ham kichkina bo'lmasligini so'rash ma'nosi mavjud.

Inkor so'zlar mustaqil inkor ma'nosini beradi. Ular ko'p emas: 있다 – 없다, 알다 – 모르다.

영어를 잘 알지만 한국어를 잘 모릅니다.

Ingliz tilini yaxshi bilaman, ammo koreys tilini yaxshi bilmayman.

지금 나에게 돈이 없는데 친구에게 있습니다.

Hozir menda pul yo'g'-u, do'stimda bor.

나는 그것을 전혀 모릅니다.

Men uni mutlaqo bilmayman.

Inkorlarni to'g'ri qo'llash

그는 숙제를 하지 말고 잠을 잤다.

Bu gap buyruq yoki taklif gap bo'lmagani uchun −지 말다 noto'g'ri ishlatilgan hisoblanadi. Biroq ba'zi holatda gap buyruq va taklif gap bo'lmasa-da, −지 말다 inkor shakli ishlatiladi.

⑦ 나는 네가 이곳을 떠나지 말기/않기를 바랐다.
⑧ 우리들은 그가 여기 들르지 않고/말고 그대로 갔으면 했다.

Bu gaplarda 않다 va 말다 larning har birini yozish mumkin.
바라다, 희망하다, 원하다, 기대하다 kabi tilak, istak, orzuni ifodalaydigan fe'llar kesim bo'lib kelganda gap buyruq yoki taklif bo'lmasa-da, 말다 yozilishi mumkin.

19 Zamonlar (시제)

1 Zamon turlari (시제의 개념)

Zamon qo'shimchalari kesimda ifodalagan ish-harakatning nutqdagi munosabatini anglatadi.

Kesimdan anglashilgan ish-harakat yoki vaziyatning bo'lib o'tish vaqti bilan nutq payti orasidagi munosabatiga qarab kesimning uch: o'tgan (과거), hozirgi (현재) va kelasi (미래) zamoni shakllari mavjud. Har bir zamon shakli ma'lum grammatik ko'rsatgichga ega.

1 O'tgan zamon (과거 시제)

Fe'lning o'tgan zamon shakllari nutq paytidan ilgari bajarilgan ish-harakatni anglatadi.

1) Aniq o'tgan zamon shaklining –았(었/였) qo'shimchasi yordamida yasaladi.

그분은 회의에 늦게 왔어요.
U kishi majlisga kechikib keldi.

저도 어렸을 땐 무척 귀여웠습니다.
Men ham yoshligimda juda yoqimtoy edim.

2) O'tgan zamon davom fe'li

Ma'lum ish-harakat bo'lib o'tdi, biroq u hozirgacha davom etdi.

지금 막 집에 들어왔어요.
Hozirgina uyga kirib keldim.

3) Uzoq o'tgan zamon

-았(었/였)었 shakli uzoq o'tgan zamonda sodir bo'lgan biror hodisani ifodalsh uchun qo'llaniladi, biroq natija ko'rinmasdan subyektning o'tgan tajribasini ifodalaydi.

어제 전화 왔었습니다.
Kecha telefon qilingan edi.

4) O'tgan zamon hikoya shakli

Gap o'tgan zamonni eslash haqida ketayotgan bo'lsa, -더 qo'shimchasi o'zidan keyin '-라, -군' chegaralangan tugallovchi qo'shimchalarini olib keladi.

둘이서 어젯밤 공원에 가더라.
Ikkovimiz kecha istirohat bog'iga bordik.

어젯밤 날씨가 꽤 차더군요.
Kecha ob-havo juda sovuq edi.

O'tgan zamon shakllarini tarjima qilish

1 Aniq o'tgan zamon shakli o'zbek tiliga - di qo'shimchasi yordamida tarjima qilinadi.

저는 어제 영어 책을 읽었어요.
Kecha men ingliz tili kitobini o'qidim.

2 O'tgan zamon davom fe'li bo'lib, o'tgan ish-harakatni tugamaganligini bildiradi va turli modal ma'noga ega bo'ladi. O'zbek tiliga -r(ar) edi (ekan), -r(ar) di qo'shimchalari yordamida tarjima qilinadi.

어제부터 그를 믿기로 결심했습니다.
Kechadan boshlab unga ishonishga qaror qildim.

정말 술을 딱 끊었습니다.
Rostdan ichishni birdan tashladim.

3　Uzoq o'tgan zamon shakli -gandi, -r(ar) edi, -gan edi, -b(ib) edi, -gan qo'shimchalari yordamida tarjima qilinadi.

그 사람은 감옥에 갔다 왔어요.
U odam qamoqqa tushib chiqqan.

4　O'tgan zamon hikoya shakli -더- o'zbek tiliga -gan edi, -b(ib) edi, -edi, -gandi qo'shimchalari yordamida tarjima qilinadi.

그 여자는 변덕이 좀 심하더군요.
Bu ayol juda injiq edi.

이틀 전에 눈이 왔어요.
Ikki kun oldln qor yog'di.

어제부터 장마철이 시작했어요.
Kechadan yomg'ir fasli boshlandi.

저는 그때 벌써 갔었어요.
Men u vaqtda allaqachon ketgandim.

어제는 바람이 꽤 차더군요.
Kecha izg'irin sovuq bo'lgandi.

2　Hozirgi zamon (현재 시제)

1)　Odatda hozirgi zamon shakli -는/ㄴ bilan ifodalanadi. Biroq sifat va predikativ kelishik qo'shimchasi -이다 bilan tugagan kesimlarning har qanday qo'shimchasi hozirgi zamonni ifodalashi mumkin.

학생이 학교에 간다.
O'quvchi maktabga ketyapti.

동생이 사과를 먹는다.
Ukam olma yeyapti.

사람은 생각하는 동물이다.
Inson - fikrlaydigan jonzod.

나뭇잎이 노랗게 물들다.
Barg sarg'aydi.

2) Hozirgi zamon yordamida shubhasiz haqiqat, buyumlarning xarakteristkasi, haqiqiy holati, voqeaning takrorlanishi va boshqalarni ifodalaydi.

달은 지구 주위를 돈다.
Oy yer atrofida aylanadi.

하늘이 푸르다.
Osmon ko'm ko'k.

Hozirgi zamon shakli ㅂ니다/습니다 qo'shimchasi bilan ham ifodalanadi.

제가 가끔 고향 친구에게 편지를 씁니다.
Agar kelasi zamonni ifodalaydigan ravish bor bo'lsa, hozirgi zamon shaklini olgan kesim kelasi zamonni anglatadi.

내일 나는 타슈켄트에 갑니다.
Ertaga men Toshkentga ketaman.

나는 내일 집에서 쉽니다.
Ertaga men uyda dam olaman.

3 Kelasi zamon (미래 시제)

Kelasi zamon shakli -겠-, yoki -(으)ㄹ 것, -(으)ㄹ 거 fe'l va sifatga qo'shilib kelasi zamonni hosil qiladi.
-겠- qo'shimchasi so'zlovchining xolis, his-tuyg'usini ifodalamaydi, ayni paytda tortinchoqligini ifodalaydi. -(으)ㄹ 것 shakli esa so'zlovchining subyektiv (bir taraflama) hissiyotlarini, fikrini anglatadi.

한 시간 후면 일이 다 끝나겠군요.
Bir soatdan keyin ish butunlay tugaydi.

-겠- qo'shimchasining modal qo'llanishi.

1) -겠- qo'shimchasi I shaxsda ega vazifasida kelsa, u so'zlovchining xohishini ifodalydi.

지금 전화를 하겠어요.
Hozir telefon qilaman.

빨리 그 일을 끝내겠어요.
Tezda bu ishni tugatamiz.

2) -겠- qo'shimchasi taxmin yoki mumkinlik ma'nolarini anglatadi.

곧 장마가 시작되겠군요.
Tezda yomg'irlar fasli boshlansa kerak.

편지가 지금쯤 도착했겠군요.
Xat hozir yetib borgandir.

Kelasi zamonning asosan so'zlashuv shakli hisoblangan -(으)ㄹ 것 deyarli barcha hollarda ishlatiladi.

오후에 숙제를 할 거예요.
Tushdan keyin uyda vazifani bajaraman.

이것을 내가 먹을 거예요.
Buni men yeyman.

1) Harakatning holatini ifodalaydi. Ish-harakatni davom etayotganini ifodalaydi.

① 현재진행형: -고 있다

친구가 지금 기다리고 있습니다.
Do'stim hozir kutib o'tiribdi.

나는 학교로 가고 있습니다.
Men maktabga borayapman.

② 과거진행형: -고 있었다

여자 친구를 기다리고 있었어요.
Yaxshi ko'rgan qizimni kutib o'tirardim.

저녁 내내 음악을 듣고 있었어요.
Har oqshom musiqa tinglardim.

③ 미래진행형: -고 있겠다

주말 아침에는 잠을 자고 있겠다.
Dam olish kuni ertalab uxlab yotgan bo'laman.

먼저 밥을 먹고 있겠다.
Avval ovqat yeb olaman.

2) **Tugallangan shakli (완료형)**

① **Hozirgi zamon tugallanish shakli (현재완료형)**

Bu shakl hozirgi zamonda bo'lib o'tgan ish-harakatning tugaganligini anglatadi.

<-어/아 있다, -어/아 버렸다>

단풍이 물들어 있다.
Barglar qizaribdi.

동생이 작은 의자에 앉아 있다.
Ukam kichik kursiga o'tiribdi.

② **O'tgan zamon tugallanish shakli (과거완료형)**

Tugallangan hodisani o'tgan zamonda ekanligini bildiradi.

나무에 열매가 열려 있었다.
Daraxt meva solibdi.

③ **Kelasi zamon tugallangan shakli (미래완료형)**

Kelgusidagi harakatni tugallanganligini anglatadi.

<-어/아 있겠다, -어/아 버리겠다>

내일은 눈이 많이 쌓여 있겠다.
Ertaga qor ko'p yog'adi.

그 사람이 모든 음식을 먹어 버리겠다.
U odam hamma ovqatni yeb qo'ydi.

3) **Taxminni ifodalaydigan shakl (예시형)**

① **Hozirgi zamon taxmin shakli (현재예시형)**

Hozirgi zamonda bo'lishi kerak ishni taxmin qiladi. Yaqin kelasi zamonni ifodalaydi.

<-게 된다>

비행기가 이륙하게 된다.
Samolyot qo'nayotgan bo'lsa kerak.

그녀를 사랑하게 됩니다.
U qizni yaxshi ko'rib qolyapman.

벌레들이 없어지게 된다.
Hashoratlar yo'qolgan bo'lsa kerak.

② **O'tgan zamon taxmin shakli (과거예시형)**

Bo'lib o'tgan bu hodisani oldindan nazarda tutilganini ifodalaydi.

<-게 되었다>

저는 유학을 하게 되었습니다.
Menam chet elga o'qishga ketadigan bo'ldim.

그들은 서로 사랑하게 되었다.
Ular bir-birini sevib qolishgandi.

③ **Kelasi zamon taxmin shakli (미래예시형)**

Kelajakda bo'lib o'tadigan ish-harakatni oldindan taxmin qilishni ifodalaydi.

<-게 되겠다>

나도 곧 한국에 가게 되겠다.
Men ham tez orada Koreyaga ketsam kerak.

이렇게 헤어지면 오랫동안 못 보게 되겠다.
Shunday ajrashsak uzoq vaqt ko'risholmasak kerak.

곧 영화가 시작하게 되겠다.
Tez orada kino boshlansa kerak.

출판사, 저자, 강사, 독자가 공존하기 위한 문예림 정책

평등한 기회와 공정한 정책으로

올바른 출판문화를 이끌도록 하겠습니다.

저 자

1 도서의 판매부수에 따라 인세를 정산하지 않습니다.
우리는 도서 판매여부와 관계없이 초판, 증쇄 발행 후 30일 이내 일괄 지급합니다. 보다 좋은 콘텐츠 연구에 집중해주십시오. 판매보고는 반기별로, 중쇄 계획은 인쇄 60일 전 안내합니다.

2 도서 계약은 매절로 진행하지 않습니다.
매절계약은 불합리한 계약방식입니다. 이러한 방식은 저자들의 집필 의욕을 저해시키며, 결국에는 생존력 짧은 도서로 전락하고 맙니다.

3 판매량을 기준으로 절판하지 않습니다.
판매량에 따라 지속 판매 여부를 결정하지 않으며 전문성, 영속성, 희소성을 기준으로 합니다.

강 사

1 동영상강의 콘텐츠 계약은 매절로 진행하지 않습니다.
우리는 강사님의 소중한 강의를 일괄 취득하는 행위는 하지 않으며, 반기별 판매보고 후 정산합니다.

2 유료 동영상강의 인세는 콘텐츠 순 매출액의 20%를 지급합니다.(자사 사이트 기준)
우리는 가르침의 의미를 소중히 알며, 강사와 공존을 위하여 업계 최고 조건으로 진행합니다.

3 판매량에 따라 동영상강의 서비스를 중단하지 않습니다.
판매량에 따라 서비스 제공 여부를 결정하지 않으며 지속가능한 의미가 있다면 유지합니다. 전문성, 영속성, 희소성을 기준으로 합니다.

독자 및 학습자

1 도서는 제작부수에 따라 정가를 정합니다.
적절한 정가는 저자가 지속적인 연구할 수 있는 기반이 되며, 이를 통해 독자와 학습자에게 전문성 있는 다양한 콘텐츠로 보답할 것입니다.

2 도서 관련 음원(MP3)은 회원가입 없이 무료제공됩니다.
원어민 음원은 어학학습에 반드시 필요한 부분으로 아무런 제약 없이 자유롭게 제공합니다. 회원가입을 하시면 보다 많은 서비스와 정보를 얻으실 수 있습니다.

3 모든 콘텐츠는 책을 기반으로 합니다.
우리의 모든 콘텐츠는 책에서부터 시작합니다. 필요한 언어를 보다 다양한 콘텐츠로 제공하도록 하겠습니다.